原本山川 极命草木

走进植物学家吴征镒

吕春朝 杨云珊◎著

科学技术文献出版社
SCIENTIFIC AND TECHNICAL DOCUMENTATION PRESS

·北京·

图书在版编目（CIP）数据

原本山川　极命草木：走进植物学家吴征镒 / 吕春
朝, 杨云珊著. --北京：科学技术文献出版社，2024.
12（2025.7重印）. -- ISBN 978-7-5235-1916-5

Ⅰ. K826.15-49

中国国家版本馆 CIP 数据核字第 2024ZG2916 号

原本山川　极命草木——走进植物学家吴征镒

策划编辑：丁芳宇 李 蕊 责任编辑：韩 晶 丁芳宇 责任校对：张永霞 责任出版：张志平

出 版 者	科学技术文献出版社	
地 址	北京市复兴路15号　　邮编　100038	
出 版 部	（010）58882952，58882087（传真）	
发 行 部	（010）58882868，58882870（传真）	
邮 购 部	（010）58882873	
官 方 网 址	www.stdp.com.cn	
发 行 者	科学技术文献出版社发行　全国各地新华书店经销	
印 刷 者	北京时尚印佳彩色印刷有限公司	
版 次	2024 年 12 月第 1 版　2025 年 7 月第 2 次印刷	
开 本	710×1000　1/16	
字 数	147千	
印 张	10.25	
书 号	ISBN 978-7-5235-1916-5	
定 价	98.00元	

科技兴则民族兴，科技强则国家强。新中国成立以来，我国科技事业取得的历史性成就，是一代又一代矢志报国的科学家前赴后继、接力奋斗的结果。我国科学家不仅为祖国和人民做出了彪炳史册的重大贡献，也在长期的科学实践中铸就了独特的精神气质，积累了宝贵的精神财富。在众多的老一辈科学家中，吴征镒在植物学领域潜心科研、矢志报国的精神，他平凡而伟大的一生历程，就是科学家精神最朴实的表达。

吴征镒（1916—2013 年），江苏扬州人，中国科学院院士，著名植物学家，2007 年度国家最高科学技术奖获得者，主要从事植物分类学、植物系统学、植物区系地理学、生物多样性保护和资源可持续利用等研究，被称为中国植物的"活词典"。1959 年，我国启动《中国植物志》编撰，他从编委到第四任主编，完成了《中国植物志》2/3 的编撰任务；他定名和参与定名的植物新分类群有 1700 多个，是我国发现和命名植物最多的一位植物学家；他与合作者基本摸清了中国植物的家底，阐述了中国植物区系的来龙去脉，回答了中国植物资源有效保护和合理利用的理论和实践问题，为我国生物多样性保护提出前瞻性的建议。在他从事植物科学研究的 70 余载中，获得国家级奖项 7 项，获得省部级一等奖、二等奖 14 项。在收获和荣誉面前，他说自己只是集体行列的一员，科技创新的成果是集体的功劳。正如他在获得国家最高科学技术奖后回答一位记者采访时所说的，"得到这个奖，我很惶恐，我只是做了我应该做的事情。我愿意拿我的肩膀给年轻人当垫脚石，继续攀登和创新。"

吴征镒一生热爱祖国,从少年时期的热血《救亡歌》到将拳拳爱国之心化作对植物学研究的孜孜以求,从"坐十年冷板凳"梳理三万张植物卡片到弄清中国植物的家底,他时刻走在创新的路上;"为学无他,争千秋勿争一日"是吴征镒治学的座右铭,他扎根边疆,到祖国需要的地方去,从此植物王国多了一位"守护人"。在所获成就面前,他总是谦虚地说,所有的工作都是大家共同合作取得的成果;在学生面前,他言传身教,不仅教授知识,更启迪他们的科学思想,引领他们的科研之路。他的一生,为中国植物学的创新、发展和走向世界做出了杰出贡献。

2024 年,习近平总书记在全国科技大会、国家科学技术奖励大会、两院院士大会上强调"大力弘扬科学家精神"。本书以吴征镒成长、求学和科研工作为主线,重点体现了其在科研过程中形成的爱国、创新、求实、奉献、协同、育人的科学家精神,折射出他治学为人的真谛,显现出他一生追寻科学真理的坚毅和执着,展现了他无私、真诚、谦逊的品格风尚。

人无精神不立,国无精神不强。吴征镒的成长历程和科研成果蕴含的科学家精神历久弥新、催人奋进。他的精神思想永远存于我们心中,不断激励后辈前行,也希望科技工作者在科研道路上取得更多重要的创新成果。

吕春朝　杨云珊

2024 年 12 月

奉献篇

协同篇

育人篇

精神家园篇

爱国篇

　　科学没有国界，但科学家有祖国。爱国是科学家的精神之源、使命之本。1931年，"九一八"事变爆发，全国抗日热情风起云涌，扬州中学的青年学生们热血沸腾。面对日寇侵占东北的罪孽，吴征镒在"九一八"事变爆发的第五天，在发表于《扬中校刊》（抗日专号）上的《救亡歌》中写道："斯我中华之土服，焉能令彼暴日作鹿逐！"爱国之情和抗日救亡决心已在这个青年的心中扎根。纵观吴征镒的一生，无论是从求学到科研，从入党到扎根边疆，还是从热衷植物研究到献计国家发展，爱国情怀始终是他一生不变的奋斗底色。

好家风，养正气

有国才有家，多家组成国。爱家必须爱国，爱国也要爱家。爱国情怀是需要从小培育、培养从而树立起来的。中华民族有着深深的家族情结，良好的家庭、家教、家风对于培养少年儿童树立正确的道德观、人生观至关重要。孙中山先生说过，做人最大的事情"就是要知道怎么样爱国"。注重家庭美德，传承良好家风，不仅能促进家庭和睦，更能涵养青少年的爱国情怀。

吴征镒的曾祖父吴元植，是扬州吴氏的首位读书人，虽考中秀才，但遇太平天国运动，扬州战火连连，家产财物毁于战火，失去继续应举的机会。于是他携妻周太夫人和大小家眷迁入宝应县乡下，当了一名农村私塾老师。不久，吴元植不幸染病去世，吴家处于一贫如洗、举步维艰的境地。

丈夫辞世后，遗下三个儿子，周太夫人靠帮人浆洗缝补衣服、纳鞋底、纺棉纱、搓麻绳度日，生活非常艰苦。周太夫人出身书香门第，受家庭文化氛围的熏陶，不仅有文化教养，也很有毅力，即使在如此艰难的日子里，也从未放弃三个儿子的读书习文。她一边含辛茹苦，起早贪黑，靠着纺纱织线及做针线活养活一家人，另一边为儿子们寻访名师，严加督促，立下"不进学，不得娶妇"的家规激励他们。在这样的家规和家风的影响下，除了吴征镒的大伯祖吴庆孙因体弱多病未能有所成就外，其他人都出类拔萃，其中二伯祖吴引孙通过拔贡进入国子监，吴征镒的祖父更是殿试二甲第一名传胪，后来兄弟二人都为官有为，勤政为民，开启了吴氏家族的兴盛之路。

1904年，吴引孙用四十万两"养廉银"在扬州东城北河下建造宅居，即称"九十九间半"的吴道台宅第（图1-1），这座老宅与杭州胡雪岩故居、

图1-1　扬州吴道台宅第

无锡薛福成故居并称"晚清江南三大名宅"。

吴道台宅第里特仿宁波天一阁建造一座藏书楼，定名为测海楼（图1-2），其意为学深似海，犹如测海，彰示学海无涯。测海楼的藏书达二十四万七千七百五十九卷，包括元明刊本、旧家善本、寻常坊本、殿刻局刊等各本，书目分经类、史类、子类、集类、艺类、丛类、医类、试类、说类、教类、阙类等十一类，藏书超过天一阁。吴引孙亲自撰写藏书目录《仪征吴氏有福读书堂藏书简明总册》，每本藏书均印有"真州吴氏有福读书堂藏书"的印章。可见吴道台宅第里的测海楼藏书规范、分类有致、书香四溢。

吴引孙在遗嘱《荣产琐记》中定下北河下住宅及测海楼藏书为两房子孙共有，规定只有上中学以上的人才能上楼读书，年幼子孙不得私自上楼看书。吴征镒的几位兄长都念过家塾，陆续考入中学，读过测海楼的藏书，吴征镒年幼时不得上楼，但也偷偷上过几次楼翻阅藏书。

吴氏有家训"有福方能坐读书，成才未可忘忧国"（图1-3），教导后辈读书成才报效国家。吴征镒幼时，在母亲刘仲璇教导下，6岁时已认识两千多个字，之后又入家塾。

吴征镒记得特别清楚，在他幼时患结膜炎时，母亲抱着他，摇晃着，教他背诵第一首唐诗："寥落古行宫，宫花寂寞红。白头宫女在，闲坐说玄宗。"尽管他不懂，母亲还是耐心地教，并

图1-2　扬州吴道台宅第藏书楼——测海楼

不断纠正吴征镒的发音。母爱如天，这些记忆都铭刻在吴征镒心间。此后，吴征镒入家塾学习《幼学琼林》《四书》《古文观止》《唐诗三百首》等诗词古文及清末民初上海澄衷中学的新式教科书。吴征镒的父亲是进步党人，有一套梁启超的《饮冰室文集》，吴征镒很喜欢读那些长江大河似的文言议论，这位中国历史上"维新变法"领导者的变革思想给吴征镒留下深刻印象，这与后来吴征镒写成《救亡歌》不无关系。

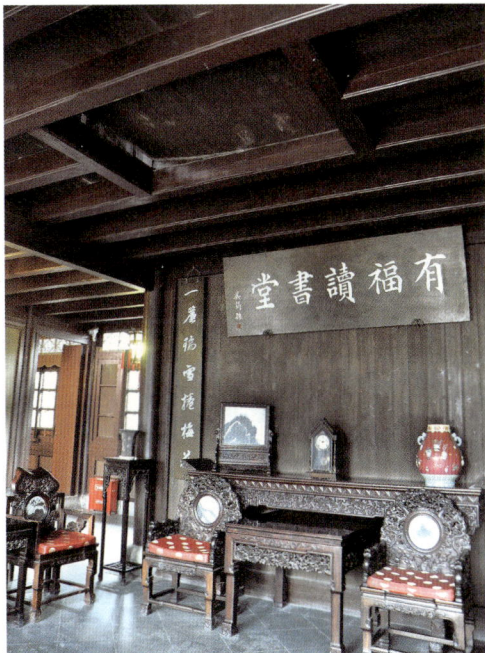

图 1-3　扬州吴道台宅第的有福读书堂

抗战爆发以后，吴征镒的父母决定"守家待变"，命吴征镒兄弟几人离开家乡到四川、云南等抗战后方，为国家工作。这时家中唯有最小的儿子吴征莹在扬州读书，待其高中毕业后，吴征镒父亲已重病缠身，但母亲刘仲璇仍然支持小儿子离开日伪统治下的扬州。

抗战时期，吴征镒多年音讯全无，家人后来才知他参加地下党了。刘仲璇对此非常宽容，说："不方便写信我晓得的，没有关系的。"抗战胜利后，吴征镒兄弟几人也越来越忙，看望老人家的机会很少，但母亲刘仲璇总是非常理解。到了病重的时候，她说："他们都在忙事业，为国家出力，这样也有出息啊！我高兴！"

正是这样的家风、家训，让吴征镒从小便对读书充满向往，对知识充满渴望，在耳濡目染下，树立了读书报国的理想。同时，儿时在父亲书房常看的《植物名实图考》《日本植物图鉴》也为他后来从事植物学的研究敲开了第一扇门。吴氏家族的两位母亲——吴元植之妻周太夫人和吴启贤之妻刘仲璇，为吴氏家族的家风传承做出了不可磨灭的贡献。

古风《救亡歌》，激发爱国情

1931 年 9 月 18 日深夜，日军向中国军队驻地北大营和沈阳城发动进攻，制造了震惊中外的"九一八"事变。这是日本帝国主义蓄意侵占我国东北一手制造的侵华战争，充分暴露了日本帝国主义侵我中华的狼子野心。现在，每年 9 月 18 日我们都会听到警报声长鸣，"九一八"这个让中国人刻骨铭心的国耻日，警示子孙万代永世不忘。

1931 年，吴征镒仅 15 岁，在扬州中学念高中，与胡光世、孙庆恺等一批同学，毅然下乡宣传，反对内战，一致抗日。少年吴征镒的爱国热情在下乡宣传活动中转化为义愤填膺的抗战激情。面对日寇侵占东北的罪孽，吴征镒在"九一八"事变爆发的第五天，写下一首古风《救亡歌》，并刊登在《扬中校刊》（抗日专号）上（图 1-4）。

《救亡歌》开头是："九月十九日方明，天外忽来霹雳声，驻沈日军肆强暴，藉口攻我北大营。我军时方梦中醒，曳兵而走狼狈形。云是奉命不抵抗，即速退后不计程。全军方震怒，惟闻声隆隆。一炮空中来，迫击炮厂倾。一炮倏又至，血肉竟飞红。惟闻惨呼急，惟见惨雾浓。"这几句话道出日寇对我突发攻击，充分暴露其侵我中华的狼子野心和强暴行径。吴征镒虽年仅十五，但对"九一八"的国仇家恨非常愤慨。

紧接着，吴征镒用四句七言"茅庐瓦屋比户烧，童妇男儿尽诛洗。奸淫掳掠诸兽行，发泄无遗谁可弭"愤怒控诉日寇烧杀抢掠的滔天罪行，然后用八句七言"缴械之兵与警察，炮声一到骈头死。我来杀汝不抵抗，只有强权无公理。尸堆成山血如水，不抵抗者亦如此！虽使杀人如蝼蚁，我护日侨不得已！"揭露日寇之暴虐，缴械的士兵和警察也难免一死。面对"尸堆成

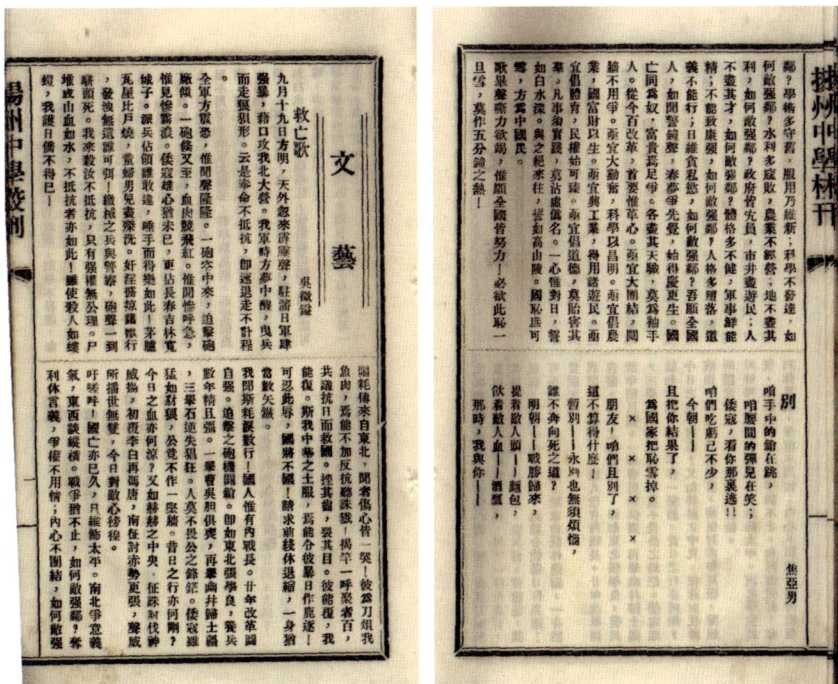

图 1-4 刊登在《扬中校刊》（抗日专号）上的《救亡歌》

山血如水""虽使杀人如蝼蚁"的惨景，我们还在护着"日侨"，真是"不得已"。此时，吴征镒的心境是何等痛切而愤慨。

"噩耗传来自东北，闻者伤心皆一哭！彼为刀俎我鱼肉，焉能不加反抗听诛戮！"面对东北沦陷和日寇魔掌，以及人民被日寇杀戮的惨状，吴征镒发出"焉能不加反抗听诛戮"的呼声及"揭竿一呼聚者百，共议抗日而救国"的呐喊，足显其抗日救国的激情和决心。有志不在年高，少年吴征镒的爱国情怀，令人钦佩而感奋。

"挫其齿，裂其目。彼能覆，我能复。斯我中华之土服，焉能令彼暴日作鹿逐！可忍此辱，国将不国！请求前线休退缩，一身犹当数矢簇。"即使日寇能颠覆我中华，我们也能光复我中华。焉能忍受日寇逐鹿，如果"可忍此辱，国将不国"，吴征镒怀有必胜的信心，请求前线将士切勿退缩，凭借以一当十、以一当百之士气抗击日寇。这是吴征镒发自内心深处的祈盼和请求。

然而，"剿共"不停，军阀混战，国家内战不止，"国人惟有内战长"，吴征镒为此"我闻斯耗泪数行"。辛亥革命推翻了清政府，本来可以"廿年改革图自强，迫击之炮机关枪"，建设共和制新国家，但军阀内战，你争我夺，扩展势力范围。东北张作霖、张学良父子"一举曹吴胆俱丧"，于1922年和1924年两次"直奉战争"打败直系军阀曹锟与吴佩孚，北洋政府开启了张作霖时代，而令曹吴"胆俱丧"。从此，张作霖和张学良实力达到"养兵数年精且强"的程度。

"再举幽并归土疆"[①]，张学良父亲张作霖受命中央政府直接管辖河北、山西北部和内蒙古、辽宁一部分地方的"幽并"二州，扩大了全国疆土的统治范围。

"三举石逆失猖狂"[②]，1928年，日寇发动"皇姑屯"事件，张作霖被炸死，张学良成为"少帅"，他断然拒绝日本"警告"而改旗易帜，矢志抗日；1929年，张学良下令将两位亲日派主将（杨宇霆、常荫槐）双双击毙。1931年，张学良所辖东北军又毅然处死日本间谍中村震太郎（史称"中村事件"），更是让日寇"失猖狂"。

"即如东北张学良……人莫不畏公之锋芒。倭寇虽猛如豺狼，公竟不作一坚墙。昔日之行亦何刚？今日之血亦何凉？"尽管张学良矢志抗日，做出一系列让日寇"失猖狂"的义举，但"少帅"在民族危亡关头屈从"赫赫中央"对日寇的"不抵抗"政策。15岁的吴征镒质问张学良："昔日之行亦何刚？今日之血亦何凉？"这是足够有正义感和胆量的言论了。

"赫赫中央"忙于内战，"征诛讨伐神威扬"，忙着缴灭军阀李宗仁、

---

① 幽并，幽州和并州的并称。幽州是古"九州"之一，即今北京、河北和辽宁一带；并州也是古"九州"之一，约指今山西、河北一带。幽并二州大约包括之河北、山西北部和内蒙古、辽宁一部分地方。

② "三举石逆失猖狂"中的"石逆"说的是清朝李元度招降太平天国石达开的事。李元度曾中举人，身历四朝，善用"仁义"玩弄招抚农民起义军，写下《招石逆降书四千言》，对太平天国将领石达开展开诱降活动，但被石达开"以大幅纸书一'难'字复之"予以拒绝（出自《金陵兵事汇略》）。李元度如意算盘完全落空。借此比喻张学良不被日寇诱降，反而处死亲日派和日本间谍而使日寇"失猖狂"。

白崇禧、冯玉祥、唐继尧等，又南征"讨赤"，围剿红军，声势威名不可一世。然而现在面对外敌日寇的残暴侵略，却下令军队"不抵抗"，其心其德，何其彷徨。少年吴征镒的批判锋芒，转而直指以蒋介石为首的国民党中央政府。

《救亡歌》最后一段，吴征镒用五言句连续提出"如何敌强邻?"的七问："南北争意气，东西谈纵横，战争犹不止，如何敌强邻? 夺利休言义，争权不用情，内心不团结，如何敌强邻? 学术多守旧，服用乃维新，科学不发达，如何敌强邻? 水利多窳败，农业不经营，地不尽其利，如何敌强邻? 政府皆冗员，市井尽游民；人不尽其才，如何敌强邻? 体格多不健，军事鲜能精；不能致康强，如何敌强邻? 人格多堕落，道义不能行；日维贪私欲，如何敌强邻?"触及内战不止、科学落伍、经济凋敝、政府腐败和私欲横行等时弊。句句踏实，声声有力，年少的吴征镒提出"不年少"的见解，今天读来仍令人惊讶其胆识。

吴征镒用古风形式写下的 700 余字的《救亡歌》，以五言句和七言句为主，兼用其他长短句，激情洋溢，变化有致，一气呵成，读来有强劲感染力。这首娴熟的杂言体古风，其中的历史事件和饱满情志，尤其耐人品味。

《救亡歌》至今已过去 90 余年之久。现今读来仍时时提醒我们要勿忘国耻，更要牢记初心，不辱使命，为中华民族的伟大复兴尽责出力。

参加民主同盟，加入中国共产党

　　吴征镒的父亲是进步党人，家里有一套梁启超的《饮冰室文集》，这是他从小就喜欢读的书，这让吴征镒从小便对国家、和平、民主有了认识。

　　1938 年，抗战局势恶化，由北京大学、清华大学、南开大学三校合组的国立长沙临时大学被迫西迁，吴征镒参加了这个由 300 多名师生组成的湘黔滇旅行团。路程中，他与闻一多先生相识。到达昆明后，他任国立西南联合大学生物系助教，帮助吴韫珍老师以模式标本照片鉴定云南植物。

　　1943 年，吴征镒经常参加潘光旦、闻一多、吴晗组织的"十一学会"（"十一"是"士"字拆写，其宗旨是士大夫坐而论政，各抒己见），之后又在昆明大普吉参加助教层的读书会，此时吴征镒的思想认识和积极性不断提升。同年，民主同盟昆明支部成立。1945 年，经过闻一多、吴晗的介绍，吴征镒正式加入民主同盟。当时抗战逐步取得胜利，同时内战也愈演愈烈。在国立西南联合大学任教期间，他亲历闻一多、李公朴被杀害和"一二·一"四烈士惨案。"反迫害、要民主、反独裁、争自由"的民主运动如火如荼地开展起来。这样的一次次斗争磨炼了吴征镒的意志，也让他的思想有了质的提高。现实让他看清，只有共产党才能救中国。

　　在国立西南联合大学的日子里，吴征镒思想愈加进步。他学习毛泽东的《论持久战》《论联合政府》等著作，参加过读书会、剧艺社等活动。受地下党员、云南大学生物系助教殷汝棠的影响，他还经常写一些壁报文章，1946年 2 月，经殷汝棠介绍，并经上级党组织批准，吴征镒在白色恐怖之下光荣地成为中国共产党预备党员，后转为正式党员。

　　入党之后，吴征镒一直按照党组织的安排从事地下组织斗争。在 1947年"反饥饿、反内战"运动中，他与北京大学的党员联系，并积极在清华大学组成党支部。同时，他还发展了在清华大学图书馆工作的吴人勉和王志诚等入党。他们在"讲教助联合会"中发挥很大作用，一起进行罢工、罢课、罢研、罢教等活动。

1948年，"八一九"大逮捕以后，组织通知吴征镒转移到解放区。吴征镒当时在解放区一直用的名字是白兼（白坚），直到后期回到清华大学，经党组织批准后才恢复了原名吴征镒。在解放区期间，按党组织要求，吴征镒加入了接管平津的队伍，跟许多年轻同学一起经过河间、霸州一带到保定，之后辗转到涿州、良乡，并在良乡听了叶剑英和彭真的报告。

北平解放之前，吴征镒等十几个人在北平青龙桥接管燕京大学、清华大学，并任北平军管会高等教育委员会高教处副处长，工作延续到1949年下半年。1949年11月，中国科学院成立，吴征镒奉调刚成立的中国科学院任机关党支部书记，并任静生生物调查所整理委员会副主任，进行学科院系重组工作。钱崇澍、童第周、俞德浚、侯学煜等科学家被他请出山，新中国的植物学研究逐步走上正轨。1950年，吴征镒任中国科学院植物研究所副所长，并负责热带植物资源考察等工作。1955年，吴征镒成为中国科学院第一批当选的学部委员。

1958年，吴征镒请调筹建中的中国科学院昆明植物研究所，举家迁到云南，扎根边疆，潜心于植物学研究，完成他的宏图大愿。他想要做出一些成绩，这样方能不负学部委员的头衔。

到了云南，吴征镒潜心研究，终了其夙愿。他研究了中国植物的一些大科、难科和关键类群。他定名和参与定名的植物有94科334属1766种，是中国植物学家发现和参与定名植物最多的一位。他提出了被子植物"多系—多期—多域"发生的观点，并在世界植物区系的背景下，提出了我国350多科3300多属3万多种植物的地理区域划分理论。以胡先骕、秦仁昌、吴征镒等为代表的三代中国植物学家改变了中国植物主要由国外学者命名的历史，为中国植物学工作者在国际学术界站稳脚跟做出了重要贡献。

2009年，新中国成立60周年时，93岁的吴征镒说："我亲历新中国成立至今一个甲子的历程。共产党前仆后继、艰苦卓绝，创建了新中国。60

年的建国实践，道路曲折、岁月蹉跎，中国终于跨进改革开放的新时代，以经济建设为中心，走上建设中国特色社会主义的道路。亲睹其变，吾之幸也。真理是'没有共产党，就没有新中国'。"至 2011 年建党 90 周年、清华百年校庆时，95 岁的吴征镒说："我入党已有 65 年，常怀忧党之心，恪守兴党之责，是我这个老党员的终生心愿。"

吴征镒自加入中国共产党后，无论是在革命战争时期，还是在新中国成立之后，始终忠实履行一个共产党员应尽的义务，立志为党的事业奉献终身。在行动上，他用他对国家、对科研的淳淳热情，为祖国和科研工作奉献一生。

涅槃重生，义无反顾

1966 年，我国克服了国民经济的严重困难完成经济调整任务，并开始执行发展国民经济第三个五年计划的时候，吴征镒任昆明植物研究所所长，又是中国科学院学部委员。在这段特殊时期，他意志坚强，尽管身处逆境之中，仍能乐观对待。

这一时期的吴征镒，并未忘记自己钟爱的植物科研工作，坚守为人民服务的信念。其间，吴征镒被安排去昆明郊区黑龙潭田间劳动。白天，他在劳动之余观察黑龙潭地区的田间杂草，一一记下名字，一时认不准的，趁人不注意时，采点小标本放在衣服口袋里，晚上，拿出来再仔细看，把名字记下。日积月累，他终于完成了 9 万字的《昆明黑龙潭地区田间杂草名录》。对于做植物分类研究的人来说，认识周围环境里不起眼的杂草，弄清杂草的名称和种类可是一份硬活计，得有点硬功夫。特别是无花无果的小杂草，没有坚实的植物分类知识基础，很难弄清楚它们的"身世"。

"文革"期间，他一如既往地坚持做观察植物、记录植物这件看似细小、不起眼却很伟大的事情，需要多么坚强的毅力呀！他总能"以不变应万变"，尽力做好他认为要做的事。无论是处于顺境还是逆境，他对科学的执着和对祖国的初心都从未改变，这是我们后辈需要学习的品质和精神。

1970 年，吴征镒被分配到开水房烧锅炉。时值全国掀起轰轰烈烈的中草药运动，昆明植物研究所组织人员赴各地州县调查民间中草药，他们在调查中遇到一些疑难问题，经常来问在开水房劳动的吴征镒。一来二去，这成了常事，他们需要吴征镒的帮助，吴征镒借此又捡起鉴定植物的本行，把植物分类知识用起来。

　　吴征镒嘱咐同事在各地收集当地的中草药小册子，至 1972 年，吴征镒考订各地中草药植物，将其整理成四大本笔记，包括考订的中草药正名、学名、各地俗名、异名及其分布地和主要用途的差异等。四大本笔记用的是当时可以找到的各种稿纸、信笺或白纸，满纸"蝇头小楷"，几乎无一点空白，每页都满载中草药植物的信息。他一天在中草药植物上所耗费的精力远远超过烧锅炉，辛勤都汇聚于文稿之中。吴征镒乐观地说："这使得自己对植物分类的研究不致间断。"吴征镒的坚韧之举，大家看在眼里，记在心中。

　　"文革"结束时，吴征镒毫不犹豫地将补发的 2 万多元工资作为党费交给党组织，可见其作为共产党员对党的忠诚之心。危难是考验一个人党性和爱国心是否坚定的试金石。作为科技战线的共产党员，吴征镒以向前看的心境对待一切，无论身处何种环境，心里想的、装的永远是对植物科学的不断探索，把全部心思都放在科技工作的大业上。其爱国之心，"真水无香"。

献计国家，促进国家战略布局

建议成立自然保护区

新中国成立不久，国家开展了全国性的大区综合考察，云南是重点考察的地区之一。综合考察有多位苏联专家参与，吴征镒被任命为中苏云南热带森林生物资源综合考察队副队长。考察对象从紫胶及其寄主植物开始，逐步扩展到动植物区系、热带森林及生物资源等多方面。1956—1958 年，综合考察队在云南保山、德宏、红河、思茅及西双版纳等地区开展了 3 年的系统考察。其间正值云南南部地区大力发展橡胶种植。吴征镒在目睹了发展橡胶种植带来的原生热带植被更替的情况后，敏锐地感觉到保护原生植被和生态环境的必要性和紧迫性。

1956 年 6 月，秉志、钱崇澍、杨惟义、秦仁昌、陈焕镛等 5 位人大代表在第一届全国人大三次会议上提出了"请政府在全国各省（区）划定天然禁伐区，保存自然植被以供科学研究的需要"的提案（又称"九十二号"提案），该提案的成功通过，使天然森林保护工作得到了政府的高度重视。

1956 年 6 月 23 日，《南方日报》刊登了一则中国科学院华南植物研究所的"重要启事"："本省高要县的鼎湖山自然林区，业经本省领导机关划归我所作为一个自然保护区。"这是新中国成立后，在省级层面上建立自然保护区的最早记载。

1956 年 10 月 25 日，中国科学院副院长竺可桢在北京主持中国科学院华南热带资源小组讨论会，吴征镒做总结发言，提出国家建立自然保护区的建议。这是由于吴征镒在连续多年的考察中体悟到了植物资源、生态环境和人类活动之间关系密切的客观规律，这也是他涉及保护生物学研究的开始。他提出"植物既是环境和资源的重要组成部分，又必用于提供资源以改造环境"的重要创见，成为解决自然资源利用中"开发与保护"矛盾的科学依据。

1958 年 9 月，吴征镒和一起在云南参加多年考察的动物学家寿振黄，针对我国"人多地少，必然对山林和湿地自然生态系统继续破坏，甚至掠夺"的现实，向云南省委、省政府提出在云南省建立 24 个自然保护区的规划和方案（图 1-5），得到了云南省委、省政府的批准。云南省级规模性兴建自然保护区的行动，是日后全国自然保护区建设发展的先河。

云南省自 1958 年率先建立 24 个自然保护区以来，至 2022 年，共建立自然保护地 362 处，其中，自然保护区 166 处。自然保护区中，国家级自然保护区 21 处、省级自然保护区 38 处、州（市）级自然保护区 56 处、县（市、区）级自然保护区 51 处，有效保护了全省 90% 的主要生态系统和自然遗迹，云南省国家重点野生动植物物种种数保护率为 83%[①]。云南省建成了布局合理、类型齐全的自然保护区网络体系，给"植物王国"的原生物种和原生植被织就了保护网。

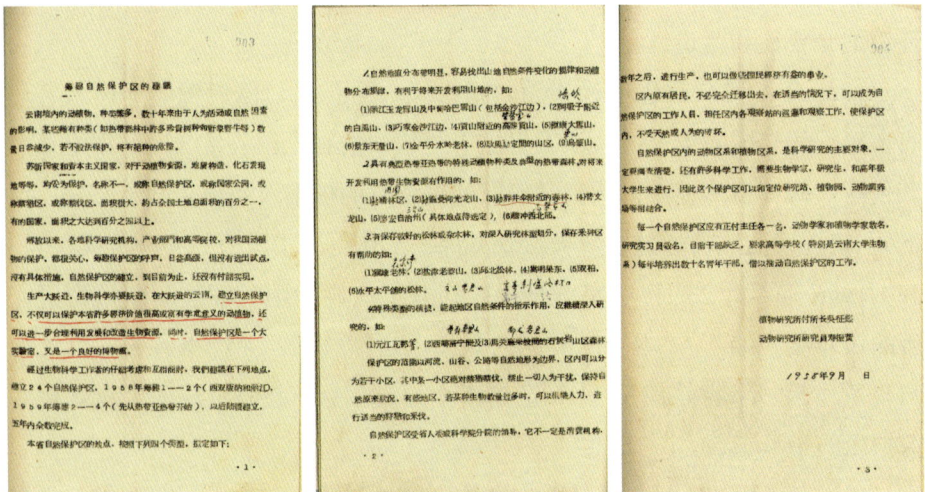

图 1-5　1958 年 9 月，吴征镒和寿振黄联合向云南省提出建立 24 个自然保护区的建议书

---

① 出自云南省生态环境厅《2022 年云南省生态环境状况公报》新闻发布会。

建言成立种质资源库

在全球社会经济不断发展中，随着人类破坏性活动和气候恶化的加剧，不少生物栖息地出现毁灭性丧失，生物多样性面临巨大危机。野生生物种质资源是在亿万年地质历史中适应性进化产生的，是栽培植物、家养动物及人工培养生物的资源宝库，也是培育动植物新品种的物质基础。这些资源一旦消失，则不可逆转，并可能在根本上影响生态文明建设进程和社会经济持续发展。因此，越来越多的国家认识到，必须建立野生生物种质资源的保藏体系，保护面临濒危威胁的生物多样性，方能维护自然生态平衡和应对全球环境变化带来的挑战，让人类拥有安全的生态环境和可持续发展的空间。因而，许多国家把野生生物种质资源的保护和保藏提到前所未有的高度。

1999 年，昆明举办世界园艺博览会，时任国务院总理朱镕基到昆明视察，吴征镒借机向朱镕基总理呈送在云南建立野生生物种质资源库的建议，得到朱镕基总理和有关部门的重视和支持。

面对党和国家的高度重视，吴征镒深感欣慰，同时也感到重任在肩，任重道远。吴征镒立刻动员成立专门小组，由李德铢主管，并部署中国西南野生生物种质资源库立项报告和项目可行性报告的编制。

2001 年，云南省人民政府和中国科学院邀请许智宏、李振声、张新时、匡廷云、王文采、张广学、魏江春、洪孟民、周俊等院士和有关部门领导在北京就中国西南野生生物种质资源库建设方案进行讨论和咨询。吴征镒两次赴京参加项目立项会和项目论证会，解答评审专家的质疑，项目最终获得国家计委立项批准。

2005 年 3 月 22 日，中国西南野生生物种质资源库楼群在昆明植物研究所破土动工。经过连续两年多的紧张施工，建设工程全部完工，总投资 1.48 亿元。2007 年 4 月 29 日，举行竣工典礼，已 91 岁的吴征镒坐轮椅参加竣工仪式。至此，中国西南野生生物种质资源库（简称"种质资源库"）进入运行阶段。

在竣工典礼上吴征镒深情感谢党中央、国务院的关怀，感谢中国科学院及云南省委、省政府的大力支持。吴征镒说："国家重大科学工程项目种质资源库的建成，为我们保护野生生物种质资源建立了工作和研究平台，而要建成国际一流的野生生物种质资源保护设施和科学体系，使我国的生物战略物资安全得到可靠保障，以及为实现生物多样性保护和可持续发展战略奠定物质基础，今后的工作和任务十分繁重。种质资源库的竣工，建设者们付出了艰辛的劳动，我们要向他们鞠躬致敬！而种质资源库的管理者、研究者和工作者们，在新基鼎定之后，作为国家重大科技基础设施中国西南野生生物种质资源库的核心设施，希望进一步加强与国内和国际有关单位的合作与交流，在今后不平坦的历程中，大家一定要齐心合力来完成肩负的使命。希望大家珍惜党和国家为我们创建的良好条件，为管好、用好资源库做出新的更大的贡献！让这一功在桑梓的大业真正能造福桑梓。'种质资源库'要面向全国造福全人类，当前至少将中国的3万多种植物和其中有用植物在各种生境中形成的种质保存起来，并把生物多样性的宏观研究、物种的中观研究与遗传育种等微观研究三方面紧密联系起来。让所有的有用植物大放异彩！"

种质资源库收集保存野生植物、动物和微生物种质资源，设立植物种子库、植物离体库、植物DNA库、微生物库、动物种质库和植物种质资源圃等单元。截至2022年种质资源库已超额完成15年规划的保藏任务，保藏生物种类累计达到26 613种、289 644份（株）〔种质资源库15年规划目标为1.9万种和19万份（株）〕。中国西南野生生物种质资源库作为国家重大科学工程之一，也是世界三大生物种质资源库之一，为保护世界生物多样性做出了中国贡献。

创新篇

对于中国植物的探究和命名很长一段时间都是以外国学者为主，我国从 1959 年开始启动《中国植物志》编撰，这也开启了一场中国科学家要自己摸清植物家底的科研革命。吴征镒通过对唇形科植物的进化和分布与中国种子植物分布格局的研究，分析了每种分布区类型形成发展的过程和历史的渊源，揭示了中国植物的分布规律及其在世界植物区系中的地位和作用。他不仅摸清了中国植物的家底，还对中国植物的来龙去脉进行了系统而深入的研究。

论唇形科植物的进化和分布

　　说起唇形科植物，或许一般人会感到生疏。但是，说到常用中药丹参、黄芩，大家或许就不陌生了。再说到薄荷、薰衣草，大家就更熟悉不过了。还有蔬菜里的甘露子、地笋，菜市场上也常见。红成一片的一串红和一片蓝紫色的薰衣草常作为地景装饰，公园里或街边花廊里也会时常遇到。这些植物在植物分类学里都归属于唇形科，这样来看大家对唇形科植物就不陌生了。其实，唇形科植物与人们的日常生活息息相关。

　　20 世纪 70—80 年代，吴征镒、李锡文等结合《中国植物志》的编研工作，对唇形科植物的进化和分布做了系统性研究。唇形科是一个世界性分布的科，也是一个较大的科，全世界 10 个亚科中约有 221 属（其中有 63 个单型属）、6000 余种。瑞士植物学家 Briquet J.[①] 依据花柱是否着生于子房底和小坚果着生面大小将其分为两大群，花柱不着生于子房底且小坚果、着生面大者为原始类群，并把唇形科分为亚科、族和亚族。吴征镒、李锡文等在 Briquet J. 系统的基础上，结合唇形科各大类群地理分布的情况及实地考察研究，对唇形科涉及的 10 个亚科 221 属进行了细致而规范的研究。

　　在对唇形科植物起源的研究中发现：唇形科富于特有属及单种属的分布中心，在全世界范围内依次有地中海、近东 – 中亚、中国 – 日本、印度 – 马来西亚、热带非洲、非洲南部、澳大利亚、温带北美、美国加利福尼亚 – 墨西哥及南美等 10 个地区，大多数常具有季节干旱气候的特征，即它们是

---

　　① Briquet J.（1870—1931 年），瑞士植物学家，研究方向为唇形科植物分类等，著有《阿尔卑斯植物志》等。

所谓的"地中海气候区"，但像心叶石蚕属和掌叶石蚕属这样一些与马鞭草科有联系的属出现于中国西南部和南部，看来唇形科可能是从这些地区发源而后在季节性旱化环境中发展的。

在对唇形科植物分布的研究中，他们分别对唇形科植物的筋骨草亚科（Ajugoideae）、Prostantheroideae 亚科、锥花亚科（Prasiodideae）、保亭花亚科（Wenchengioideae）、黄芩亚科（Scutellarioideae）、薰衣草亚科（Lavanduloideae）、镰果亚科（Drepanocaryoideae）、野芝麻亚科（Lamioideae）、罗勒亚科（Ocimoideae）、Catopherioideae 亚科等 10 个亚科进行了系统研究，并对其属性特征、进化过程及分布情况进行了总体概述。此外，对其中族、属较多的筋骨草亚科、野芝麻亚科、罗勒亚科等进行了族、属的具体分析和分布概述，并研究形成"唇形科的系统排列及其分布表""唇形科一些亚科、族、亚族的分布略图"，将唇形科植物的分布、进化清晰地展示出来①。

吴征镒、李锡文从唇形科内各个群的进化和地理分布出发，结合地史考虑，对唇形科的进化和分布研究得出一些科学结论，包括：对唇形科植物起源时间进行推断，不晚于新生代第三纪初期，大约距今有 6700 万年；唇形科植物的祖先可能是第三纪热带森林中的马鞭草状植物；唇形科植物起源和分化从古地中海沿岸开始，随着近东 – 中亚和喜马拉雅地区的上升、热带非洲和热带美洲间大西洋的下陷，印度和东非间印度洋及中美至南美的安第斯山山脉的隆起，其在这些新隔绝或新形成的地区获得很大且很快的分化和发展，加之现代地中海的形成，出现了近代唇形科的 10 个主要分布中心；在唇形科的分化发展中，随着第三纪古北极区温带性质的吐尔盖伊森林区系在第三纪末期转变成针叶林，在有些已发展成为顶极的大群中产生许多广泛分布于欧亚温带的属种；唇形科晚期的发展和分化主要表现在萼、花冠和雄蕊在适应昆虫授粉的过程中所发生的特化现象上，这成为近代唇形科分属的重

---

① 参见《吴征镒文集》第 308 页"论唇形科的进化与分布"，第 309 页图 1 唇形科的一些亚科、族及亚族分布略图，第 315 页图 2 唇形科内各亚科、族和亚族进化图式。

要标准。吴征镒等把唇形科植物的来龙去脉基本弄清楚了。

吴征镒、李锡文等对中国唇形科植物的分类、地理分布与进化进行深入系统研究并得出上述结论，美国俄亥俄大学植物系的 Philip D. Cantino 教授深入研究唇形科植物的花粉形态和结构后，在 *Biogeographyc Implication* 期刊上发表文章明确支持吴征镒、李锡文关于唇形科起源于中国南部和印度–马来西亚的观点，同意吴征镒、李锡文等提出的唇形科"原始类群"和"起源地点"的论点。分属两地的科学家用不同的研究手段得到一致的科学结论，证实科学论断的正确性。故而"中国唇形科植物的分类、地理分布与进化"在获得中国科学院自然科学奖二等奖之后继而获得国家自然科学奖二等奖（图 2-1）。

自 20 世纪 90 年代唇形科与马鞭草科系统重排以后，唇形科的范畴及分类系统发生了较大变化。近年来，随着分子系统学的发展，唇形科系统学研究取得重要进展，其中，中国分类学者做出了重要贡献。

中国科学院昆明植物研究所的向春雷研究员在唇形科植物的分类和研究方面做了大量工作。向春雷在 2004—2009 年师从彭华研究员，进行硕博连读，获博士学位，而彭华研究员是吴征镒院士的直系博士，可以说向春雷是受吴征镒学术思想熏陶的"孙辈弟子"。向春雷在读研期间，就开始在导师和同事的指导与协助下，先后承担了世界唇形科香茶菜属（*Isodon*）的分类学研究、东亚唇形科鼠尾草属（*Salvia*）的分子系统学及雄蕊演化研究、

图 2-1 "中国唇形科植物的分类、地理分布与进化"获奖证书

东亚特有成分——铃子香属（*Chelonopsis*）的系统学与生物地理学研究、唇形科叶绿体系统基因组学研究及草糙苏属（*Phlomoides*）的分类、系统发育及时空分化格局等科研任务。

当问及为什么选择唇形科植物深化其系统发育研究时，向春雷说道："这是吴老研究的大科，也是研究所的传统研究类群，我们有义务和责任在学科和类群上进行传承和发展。"唇形科是被子植物的第六大科，为了深入探讨唇形科的起源、性状演化、历史生物地理学及物种多样性的形成机制，构建唇形科稳固的系统发育关系，向春雷团队与江西农业大学唇形科研究团队联合伊朗、美国、澳大利亚、挪威、奥地利、土耳其等国的唇形科分类学者，对唇形科开展了全球范围的广泛取样。他们利用叶绿体系统发育基因组学方法重建了唇形科系统发育框架，提出唇形科 12 个亚科 22 族的分类系统，并对各亚科和各族的分类历史、地理分布、形态特征、属种多样性等内容进行全面阐述和系统总结，研究结果发表在期刊 *BMC Biology* 上。国内学者对研究结果给予高度评价，认为这是一项"里程碑"式的工作。向春雷研究团队的科研实践，让人感到科学无止境，常进常新，一代胜一代。

被子植物八纲系统和"多系-多期-多域"起源理论

现行的五大被子植物系统（Takhtajan，1997；Thorne，1992；Dahlgran，1989；Cronquist，1988；Melchior，1964）中，均把被子植物门分为两大类群：单子叶植物纲和双子叶植物纲。这种分类似乎是现代系统学家的共识，已成定论，但事实并非如此。吴征镒、路安民等就这种二歧分类的结论，以近年来多方面研究成果所提供的事实对被子植物门的分类（单子叶植物纲和双子叶植物纲）提出了挑战。

1998 年，吴征镒等在《植物分类学报》上发表《试论木兰门的一级分类——一个被子植物八纲系统的新方案》[①]。近年来，植物比较形态学、化学分类学、古植物学、分支系统学和分子系统学研究的结果对传统将被子植物门分为单子叶植物纲和双子叶植物纲两大类群的一级分类提出挑战，怀疑这样的分类是否能反映被子植物内部的主要进化趋势。吴征镒等认为分类必须建立在谱系关系[②]基础上，以表示其自然系统。在早白垩世结束之前，有一次被子植物大辐射，有 8 条主传代线似已明显出现。根据林奈阶层系统，吴征镒等以"纲"级来命名这些传代线以显示被子植物内部的

---

① 吴征镒,汤彦承,路安民,等.试论木兰植物门的一级分类:一个被子植物八纲系统的新方案[J].植物分类学报，1998，36（5）：385-402.

② 谱系关系，就人类而言，指宗族世系或来源于同一祖宗的家谱系统。就生物而言，指生物物种的发育亲缘关系，这种发育演化的关系应该尽力达到是自然的，而非人为的。谱系地理学（Phylogeography）使用谱系和地理的资料来推断居群动态和进化的历史过程，在研究种内进化过程中成为最能反映历史过程的基本处理方法。

主要进化趋势，虽然某些"纲"是并系类群①。并系类群作为一个自然类群来命名，普遍被进化系统学家接受。被子植物八纲系统列述如下：木兰纲（Magnoliopsida）、樟纲（Lauropsida）、胡椒纲（Piperopsida）、石竹纲（Caryophyllopsida）、百合纲（Liliopsida）、毛茛纲（Ranunculopsida）、金缕梅纲（Hamamelidopsida）和蔷薇纲（Rosopsida）。

2002 年，吴征镒等在《植物分类学报》上发表《被子植物的一个"多系 - 多期 - 多域"新分类系统总览》②。作者提出木兰植物门（被子植物）的一个分类系统纲要，将木兰植物门分为 8 纲 40 亚纲 202 目 572 科，命名了 22 新亚纲③和 6 新目，并对每个科所包含的属、种数和地理分布做了分析和说明。

2003 年，吴征镒、路安民等撰著的《中国被子植物科属综论》④阐述建立植物门一级分类系统的工作原则，提出被子植物的八纲分类系统。《中国被子植物科属综论》以世界植物区系为背景，以形态 - 地理观点为主线，对中国被子植物 8 个纲的各科、属进行综合、具体分析。按各科出现于中国植物区系中的科的系统排序（并非按科的大小排序）。每科首先列出科名、来源、大小、分布范围或特点，特别对在系统和区系中的地位、作用及现在还应用或仍在继续研究中各大系统的认识和所放位置的历史发展及其理论根据与争论焦点所在，能简则简，该繁必繁，着重对于争论焦点的情况和实质，阐明自己的观点。

2005 年，昆明植物研究所召开"吴征镒学术思想研讨会"，重点研讨被

---

① 植物系统学里的单系（Monophyletic group），指一个共同祖先及其所有后裔的生物类群，通俗讲就是大家只认一个祖先；并系（Paraphyletic group），指一个分类群包括来自一个共同祖先的大多数后裔，有一部分未包括在内；多系（Polyphyletic group），指一个分类群包含的成员来自两个或多个分支，并且不含最近的共同祖先。

② 吴征镒，路安民，汤彦承，等．被子植物的一个"多系 - 多期 - 多域"新分类系统总览［J］．植物分类学报，2002，40（4）：280-322.

③ 22 个新亚纲：Annonidae, Illiciidae, Ceratophyllidae, Lauridae, Calycanthidae, Chloranthidae, Aristolochiidae, Polygonidae, Plumbaginidae, Bromeliidae, Zingiberidae, Juncidae, Poaidae, Paeoniidae, Papaveridae, Trochodendridae, Betulidae, Malvidae, Ericidae, Myrtidae, Rutidae, Geraniidae。

④ 吴征镒，路安民，汤彦承，等．中国被子植物科属综论［M］．北京：科学出版社，2003.

子植物八纲系统和"多系－多期－多域"的问题。路安民做"被子植物八纲系统的由来和发展"报告，陈之端做"关于八纲系统未来研究之思考"报告，李德铢做"分子系统发育、分子地理与八纲系统"报告，孙航做"从被子植物空间分布来理解被子植物多系、多期、多域发展——八纲系统"报告，周浙昆做"被子植物的起源与演化——从化石记录看八纲系统"报告，彭华做"八纲系统的学习心得与体会"报告。他们从不同角度、不同层面阐述八纲系统的科学性，与会者对八纲系统进行热烈而踊跃的发言，有理解，有意见，也有建议。研讨会就被子植物八纲系统是中国植物学家自主研究提出的新方案达成共识，立论有据，应继续组织各方力量，寻求宏观与微观合作研究的可能途径与方式，深入展开研究，夯实立论基础。尽管任重道远，仍应以坚毅之力，使其日臻完善。

吴征镒在听取研讨会情况汇报后，说："八纲系统应该深入探讨和研究，要认真梳理各纲的形态特征及这些形态特征之间的演化关系，准确把握各纲的特征要点，深入认识各纲之间的演化关系，最后也许是九纲、十纲，也许是六纲、七纲。我们要关注 APG 系统[1] 方面的进展，特别要关注 APG 系统与八纲系统的异同点，大家讨论后来修改完善八纲系统。"

中国科学院植物研究所路安民研究员[2]是吴征镒的主要合作者之一（图2-2），他在"被子植物八纲系统的由来和发展"报告中对提出八纲系统的工作背景、研究基础、八纲系统的学术精髓、发展机遇和评价与建议 5 个方面做了详细阐述。在吴征镒主导下，中国系统分类学家和植物区系地理学家对中国乃至世界种子植物区系研究取得瞩目成就，包括对世界上 43（～ 60）个原始被子植物科研究提出的 10 条研究结论[3] 和对世界上不同演化水平的 52 个科（属）地理分布研究提出的 5 条学术观点[4]，吸取国际上

① "被子植物系统发育研究组"的英文 Angiosperm Phylogeny Group 的缩写。
② 路安民（1939—），陕西大荔人，植物分类学家、植物系统学家，中国科学院植物研究所研究员，长期从事植物分类学、被子植物系统与进化研究，著有《原始被子植物 起源与演化》（科学出版社，2020）等。
③ 详见中国种子植物区系研究项目总结报告，科技档案存于昆明植物研究所。
④ 路安民.种子植物科属地理［M］.北京：科学出版社，1999：1-14.

图 2-2　2008 年 8 月，吴征镒与路安民在昆明讨论学术问题

生物系统学表征分类、分支分类和演化分类的优点，参考系统发育生物地理学和隔离分化生物地理学的研究成就，面对迅速发展的分子系统学机遇，结合古植物化石研究和地球演变研究的新成果，对传统被子植物门分为双子叶植物纲和单子叶植物纲两大类群的一级分类提出挑战，认为这样的分类不能反映被子植物内部的主要演化趋势，提出被子植物八纲系统，其学术精髓基于对植物系统发育－地理分布－生态系统－地球演变的统一认知，这个认知包含着极为丰富的科学内涵和对生物演化全面系统的创新思想，即吴征镒关于生物演化与地球演化统一关系的 3 条原则：生物系统发育与区系发生发展的统一、植物系统发育与地理分布的统一、植物起源演化与地球演化的统一。《中国被子植物科属综论》论述了广义木兰亚纲，同时阐述了建立一个"多系、多期、多域"被子植物分类系统的可能性和必要性。

吴征镒等在有关生物演化与地球演化统一关系的 3 条原则的基础上，引出形态－地理系统发育分析研究的方法，这种方法在《中国被子植物科属综论》及其他论著里得到运用，得出一系列科研结论。植物系统学家根据分子数据、形态－地理共衍征和生态因子三方面综合研判来确定生物的系统发育关系成为一种趋同认知。

有关植物区系的分区研究，1974 年，英国学者 R. 古德把全球植物区系区分为泛北极区、古热带区、新热带区、南非区、澳大利亚区和南极区等 6 个区（界），下属 37 个亚区、127 个省。俄罗斯学者 A.Л.塔赫他间基本赞同 6 个区（界）的意见。吴征镒在主持完成"中国种子植物区系研究"的基础上，获得中国现代植物区系来龙去脉的历史证据。综合中国植物区系的形成历史和地理分布等诸多因素，把中国各个不同地域的不同区系，划分为不同的区域，提出中国植物区系分区系统。

1996 年，吴征镒等发表《一个新的植物区系区的建议——东亚植物区系区的特点和划分》①。吴征镒、武素功阐述了东亚地区植物区系区划分的变化历史，对东亚植物区系区的地理范围做出划定。对中国植物区系区系统的区及亚区做出划分：泛北极植物区下设东部森林亚区和东部草原亚区；古地中海植物区下设中亚中部荒漠亚区；东亚植物区下设中国－日本森林亚区、中国－喜马拉雅森林亚区和青藏高原亚区；古热带植物区下设马来西亚亚区。各亚区分设若干地区和亚地区，构成中国植物区系的分区系统。东亚植物区系区的提出，改变了陆地植物区系区的格局。这是中国科学家的创新见解。

中国植物区系区分为 4 个植物区，即泛北极植物区（Holarctic Kingdom）、古地中海植物区（Tethys Kingdom）、东亚植物区（Eastern Asiatic Kingdom）和古热带植物区（Paleotropic Kingdom）。其中，新设立的东亚植物区，作为与泛北极植物区、古地中海植物区和古热带植物区并立的植物区系区。

吴征镒等在论文中列举了东亚植物区中分布于东亚的特有科，有银杏科（Ginkgoaceae）等 32 个科，东亚的特有属有猕猴桃属（*Actinidia*）等 69 属，中国－喜马拉雅分布型的属有冷水花属 *Pilea*（*Aboriella*、*Smithiella*）等 104 属，中国－日本分布型的属有大藨草属（*Actinoscirpus*）等 104 属，还列举出东亚植物区系区里的日本特有属及中国－日本、中国－喜马拉雅、中国东南部、中国北部、中国东部、中国中部、中国南部、云南－广西－贵州、云南高原、横断山脉（中国西南）、东喜马拉雅至北翼、青藏高原等分

---

① 吴征镒，武素功. 一个新的植物区系区的建议：东亚植物区系区的特点和划分［C］// 张敖罗，武素功. 东亚植物区系特点及其多样性国际学术研讨会文集. 北京：高等教育出版社，1998：3-42.

布型的属①。区内诸多特有科属和特有分布模式的属，可以佐证东亚植物区存在的客观性。

北京大学种子植物分类学家汪劲武教授认为："由于作者吸取了中外学者运用多学科（包括分子系统学）研究被子植物系统的成果，因此八纲系统的客观性高，是当代被子植物系统的最高成就之一。"汪劲武评价吴征镒等所著的《中国被子植物科属综论》，"是一部我国被子植物分类系统研究的成果的总结性的论著，具有权威性"。

科学无止境，特别是在当今世界百年未有之大变局背景下，科技创新成为当下的大事、要事。然而，科技创新可不是一蹴而就的事，有着循序渐进的属性。吴征镒等人在1998年正式发表被子植物八纲系统和"多系－多期－多域"见解后，又于2005年举办吴征镒学术思想研讨会，被子植物八纲系统和"多系－多期－多域"引起学界的广泛关注。就在APG系统（IV）发表的次年（2017年），王伟等在《生物多样性》上发表《被子植物APG分类系统评论》②，文章既肯定APG系统的成就，又指出尚需研究的问题和存在的不足，路安民是论文的通信作者，代表中国学者的意见。

自吴征镒等发表被子植物八纲系统和"多系－多期－多域"见解后22年，路安民、汤彦承撰著的《原始被子植物：起源与演化》③出版。这是一部论述被子植物起源与早期演化的专著，介绍了原始被子植物的概念和范畴；综合评论了被子植物的起源问题，重点讨论了心皮、双受精和花等关键创新性状起源的若干重大理论，对被子植物的祖先、起源时间和地点、起源生境也做了详细的阐述；论述了原始被子植物形态结构的分化和演化及其性状分析方法；综合形态学、分子生物学和化石证据，对61个原始被子植物

① WU Z Y, WU S G. A proposal for a new floristic kingdom(realm)–the E. Asiatic Kingdom, its delineation and characteristics[M]// ZHANG A L, WU S G. Proceedings of the first international symposium of floristic characteristics and diversity of East Asian plants. Beijing; Berlin; Heidelberg :China Higher Education Press;Springger–Verlag, 1996:4–33.

② 王伟，张晓霞，陈之端，等.被子植物APG分类系统评论[J].生物多样性，2017，25（4）：1–10.

③ 路安民，汤彦承.原始被子植物：起源与演化［M］.北京：科学出版社，2020.

科的形态演化、系统关系、地理分布做了全面综述。路安民一直是吴征镒得力的合作者，不忘传承和发展科学家学术思想。该专著以被子植物八纲为序，分述各纲的 61 科原始类群，对被子植物心皮、双受精和花等关键创新性状起源的若干重大理论问题做了科学阐述。在植物形态研究与分子数据发生碰撞的情况下，传统植物形态研究需要审视原有的理论，进行理论创新。路安民等的实践无疑是对被子植物形态演化理论的创新尝试。八纲系统依据进化属性提出排列顺序，木兰纲置于首位。路安民等依据被子植物起源演化的新研究，吸取分子系统学的最新研究成就，将樟纲置于木兰纲之前，缘由是发现无油樟具有更多的原始形状。看起来这仅仅是对一个不起眼位置的调整，但其需要各个科学领域的协同研究和多位科学家呕心沥血的长期努力才能实现。如添砖加瓦之举一样，所添的"砖瓦"总是后来者居上。科技的不断创新使得八纲系统理论也在不断更新和发展。

顺藤摸瓜，探索新路径

合理开发利用植物资源是国家的既定方针，也是昆明植物研究所的重要任务。吴征镒对植物区系地理有深入的研究，特别是在植物区系历史分布格局与现代分布格局相关研究方面，获得较多的新知识，把植物区系起源演化方面的研究扩展到植物资源合理利用研究领域。他提出植物有用物质（成分）的形成历史与植物种属分布区的形成历史有一定相关性的论点，即植物种属分布区形成的历史、地质环境和生态条件对植物体内化学成分的形成有直接影响，进而提出根据植物分布区的形成历史寻找新资源植物的理论，为寻找资源植物提供方向性指导。根据此论点，昆明植物研究所在寻找我国人参皂苷、薯蓣皂素、昆虫蜕皮激素等资源植物及其引种驯化、市场化方面取得显著成效。其成功指导了资源植物的寻找、合理利用及引种驯化等实践。

科研本身就是一种探索，而探索就得花足够的时间和精力，甚至生命。我们不妨回顾一段这方面的探索经历，或许就明白其中的缘由了。

1958 年，吴征镒受命作为科学顾问随周恩来总理到广东新会进行野生资源综合利用考察，深感国家对野生资源持续利用的高度重视。接下来，全国展开野生经济植物普查，商业部土产废品局（简称"土产局"）和中国科学院联合主持普查。考察过程中，吴征镒深入思考：如果把植物的亲缘关系、历史地理分布与植物化学成分的关系弄清楚，会更有利于对植物资源的持续利用。

1959 年，吴征镒以"茄科（尤其是茄属）植物的亲缘系统、历史地理分布及其与化学成分的关系"为题撰写一篇论文[1]。茄属（*Solanum*）是茄

---

① 吴征镒. 茄科（尤其是茄属）植物的亲缘系统、历史地理分布及其与化学成分的关系［M］//吴征镒. 吴征镒文集. 北京：科学出版社，2006：179-184.

科最大的属，有 1500 ~ 1700 种，中国有 41 种。吴征镒重点论述了茄属的分类、分布与其化学成分，发现茄属所含各种有用的化学成分与分类上的亲缘关系有密切联系，也与其种形成的历史有密切联系。例如，凡起源于第三纪古热带的老种，均含有索拉索丁（Solasodine）[1]或同分异构体，如喀西茄 *Solanum aculeatissimum* 比较保守的果实中含有索拉索丁；凡起源于古北极区广布的种群和新热带分布或起源的种几乎无一例外含有龙葵碱（Solanine），如颠茄 *Solanum surattense*。他认为索拉索丁的形成可能与历史性热带条件，尤其是季节性干热气候条件有密切关系，如刺天茄 *Solanum indicum* 果实含索拉索丁。研究发现索拉索丁是茄属植物中比较保守的新陈代谢产物。

阅读吴征镒撰著于 1959 年的这篇论文，不得不佩服作为植物分类学家的吴征镒竟然能对茄属植物所含的索拉索丁和龙葵碱的甾体结构成分及其各种配糖组成有如此深入的研究分析，从而推导出植物有用化学成分和亲缘系统的关系，足显吴征镒有机化学方面功底厚实。65 年前的这篇论文不愧为我国植物化学分类学研究的滥觞之作。

此后，吴征镒与合作者周俊等撰著《人参属植物的三萜成分和分类系统、地理分布的关系》[2]，对植物有用化学成分和植物亲缘系统存在相关性规律进行又一次探索。研究证明，人参属植物所含达玛烷型（Dammarane type）四环三萜皂甙是人参药用部分的有效成分，具有较强的生理活性。人参属植物是起源于第三纪古热带山区、呈现"东亚""北美"洲际间断分布的植物区系成分。论文以人参、三七为例，深入研究植物有用化学成分与地理分布及其亲缘系统之间的关系，是植物化学分类学研究的又一探索实践，引起学界热议。此举推动了植物化学分类学学科的发展，也为人们带来了植物亲缘系统、历史地理分布和有用成分之间关联性的新知识，为植物资源持

---

① 索拉索丁具有甾体结构，曾作为甾体激素药物合成的起始原料之一而被开发利用。

② 云南省植物研究所.人参属植物的三萜成分和分类系统、地理分布的关系[J].植物分类学报，1975，13（2）：29-45.

续利用和新资源寻找做出新贡献。

依据这样的规律，在寻找植物有用化学物质的时候，我们要了解植物种系的历史分布背景，包括可能的起源地、时间和地区，进而了解历史气候变迁的脉络，这些信息可能对判断植物化学物质的性质有所帮助。所以，做植物有用成分的研究者，有必要了解相关植物的亲缘关系和种系演化历史。

野生资源植物的引种驯化是一种实现植物资源持续利用的有效途径，经典而有效。进行引种驯化也需要了解植物的原生生态环境，把握生态相似性的原理。经验告诉我们，还要关注物种原生地生态环境与将要引入地的生态环境的不一致性，即二者有哪些差异。这就要求我们有一定的应对措施，方能取得成功。

接力创新，勇开新颜

　　种质资源库在创新的轨道上一路行来，研究者们和管理者们秉承吴征镒"让这一功在桑梓的大业真正能造福桑梓""让所有的有用植物大放异彩"的教导。我们从新一代种质资源库的研究者和管理者的亲身经历上，不难看出他们不负韶华，践行初心，在支撑种质资源库这座"创新大厦"方面做出的贡献。

　　种质资源库的一批科技工作者不负韶华、守正创新，展现闯的精神、创的劲头和干的作风，使得吴征镒亲自缔造的种质资源库向国家、向社会提交更加满意的答卷。

　　建立适合中国实际的种子保藏技术体系成为必须解决的头等大事，而且要求保藏能力达到国际先进水平，目标是建成我国野生生物种质资源保藏的完整体系。虽然有英国和挪威的先行经验，但外国经验不可照搬照抄。我们必须在实践中摸索创造符合中国实际的经验，才能管好、运行好中国的种质资源库。

　　李德铢（1963—），种质资源库建设时期任项目经理，竣工后转任种质资源库主任，既是管理者也是研究者（图2-3）。

　　李德铢组织全库员工，分门别类地研制种质保藏标准102条，其中76条推广至国内同行

图2-3　2020年，李德铢等在独龙江做竹类调查（左二）

使用。范围涉及资源描述、收集、整理、保存、安全、检测、共享服务等方面，为资源的收集、整合、共享提供制度保障。保藏技术方面，攻克了建设低耗环保和永久保藏的设施、实现高效优质保藏和建立超低温液氮保藏体系三大难题。收集亟待抢救的野生种质资源1.3万多种、15万余份的保藏实践，证明了保藏体系运转的可靠性。我国建立了种质资源交换和共享的技术及制度，构建了野生植物种质资源信息管理平台与共享网站；开展了种质资源收集和保存技术的研究，包括分子生物学、基因组学的系列研究及植物离体材料玻璃化冻存技术研究等；凝聚和培养了一支专业化的科技队伍，举办各类技术培训班，开展有关的技术培训，实现了服务社会的目标。"中国野生生物种质资源保藏体系与关键技术创新"获得2012年云南省科学技术进步奖一等奖（图2-4）。

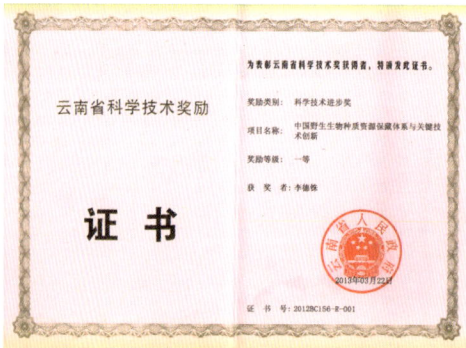

图2-4　"中国野生生物种质资源保藏体系与关键技术创新"获奖证书

杨湘云（1967—），获得博士学位并在英国进修的女科学家，担任种质资源库工程建设的"大管家"（图2-5）。

杨湘云等认真严格执行种子采集、标本鉴定、生态环境状况调查、生境照片实录、分子数据实录、种子清杂整理、入库标准和保存

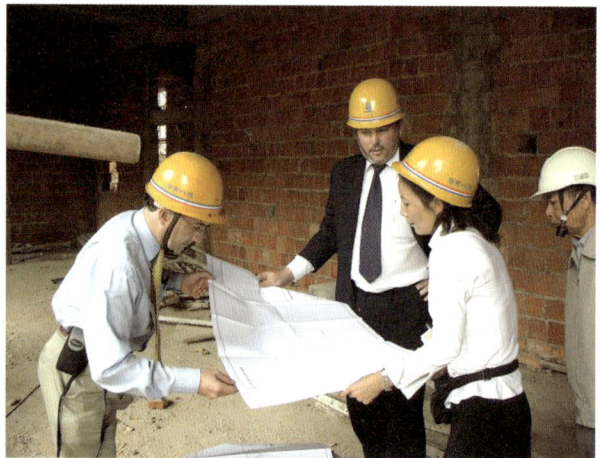

图2-5　2005年9月，杨湘云与英国冷库安装专家在冷库建设现场（右二）

登记等程序，让每一粒种子的"生世"清楚，有据可查。种质资源库研发制定的 102 项保存技术和质量标准，在她手上一一落实到位。有好规矩，就会有好成就。该成果有力支撑争创世界一流种质资源保存的创新行动。她的体会是当好"大管家"不容易，有再大的苦难也要当好这个"大管家"，不然无脸面对吴老。

蔡杰（1979—），博士，高级工程师（图 2-6）。

种质资源库尚在建设中时，蔡杰被派往英国千年种子库学习从采集到保藏的全流程。他于 2008 年回国后，任采集协调员，负责种子采集、培训、国际合作等事宜，参加采集达上百次。川滇藏地区、长江源头、三江并流区、横断山区无处不留下他

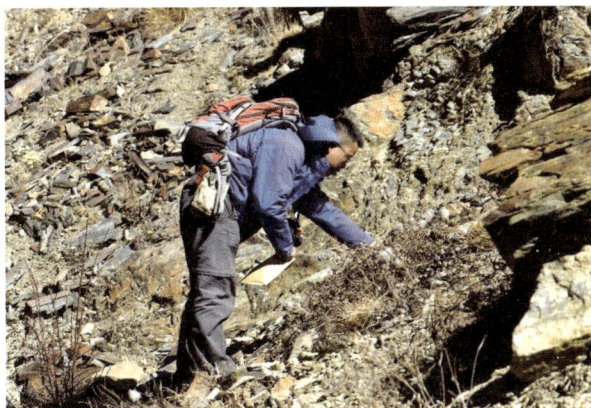

图 2-6　2017 年，蔡杰在西藏吉隆采集种子

的足迹，他用双脚"丈量"祖国的河山，每次采集到饱满的种子时都能体验到收获的喜悦，亲自鉴定每一份标本、收藏每一份种子时都能感受到守护大自然"生物遗产"沉甸甸的责任。

2021 年，COP15（联合国《生物多样性公约》第十五次缔约方大会）在云南昆明召开，云南是全球生物多样性热点地区之一，种质资源库策划"高山之巅"种子采集计划，从珠穆朗玛峰采集一批生长在极高海拔的植物种子。保存这些来之不易的种子后，判断种子日后会不会萌发，需要实验来验证。蔡杰等对入库一个月的 5 类珠穆朗玛峰种子须弥扇叶芥、西藏沙棘、多刺小叶棘豆、鼠曲雪兔子、碎米蕨叶马先蒿等进行萌发实验，9 天后这些实验种子全部顺利萌发，证明种子保存成功。能做前人尚未做过的事是一种幸运，成功做成前人尚未做过的事是一种创新。

图 2-7　张挺等在天坑里考察发现的植物（右一）

张挺（1978—），博士，高级工程师，种质资源库采集员（图 2-7）。

天坑是自然界的一种特殊地理景观，有可能是某些植物的天然避难所。张挺时刻记得吴征镒常说的"植物生在深山老林，不会走路，需要我们用'访贫问苦'的精神，越是深山穷谷越要去"，觉得值得一试。2021 年，他毅然冒险下蒙自天坑，发现 3 种消失百年的植物：其一是苦苣苔科石蝴蝶属的大花石蝴蝶 Petrocosmea grandiflora，消失 126 年后被重新发现；其二是异叶苣苔 Whytockia chiritiflora，消失 123 年后被重新发现；其三是竹生羊奶子 Elaeagnus bambusetorum，消失 106 年后被重新发现。他采集到活植株和种子，将其纳入保藏系列，认为它们弥足珍贵。2022 年，正值党的二十大召开之际，种质资源库组建吴征镒种质资源收集与保藏突击队，张挺任突击队队长，带领突击队赴高黎贡山北段腹地，在高山上进行采集，在海拔 3900 米的高山冰碛湖初干湖畔安营扎寨，克服氧气稀薄及大风、降雪等天气变化无常的困难，收获一批珍贵的高山植物种子。不惧艰险的科学精神在突击队员身上处处闪光。

郭永杰（1983—），在读博士，高级工程师（图 2-8）。

郭永杰，于 2008 年入种质资源库，成为一名采集队员，有 15 年采集经验。有两次采集活动让他十分难忘：一次是浙江海岛采集；另一次是珠穆朗玛峰采集。这两

图 2-8　2021 年，采集队在珠穆朗玛峰东绒布河谷海拔 5560 米附近采集（右起为郭永杰、李德铢、刘成、亚吉东）

个地区一高一低，带给他的感受截然不同。

郭永杰在内陆长大，没有下过海。海岛采集第一关就是晕船，海域无风三尺浪，他随船摇晃，眩晕眼花，下船后浑身无力；第二关是酷热，夏季闷热难耐；第三关是蚊虫、小黑虫叮咬。赴海岛，就是冲着吃苦而来，可忍可防，可以应付。2016—2018 年，他先后 7 次、历时约 90 天赴海岛采集，完成对浙江 48 个海岛的系统调查，采集海岛植物标本 2600 余份、种质资源 869 份，经鉴定，有 78 科 177 属 235 种。以超预期数量两倍的优异成绩完成浙江海岛采集任务。

2021 年 8 月，郭永杰参加珠穆朗玛峰种质资源采集，走进高海拔禁区。两次登珠穆朗玛峰考察采集，刷新我国植物学家到达珠穆朗玛峰的采集高度，达海拔 6605 米。他在海拔 6220 米附近采集到须弥扇叶芥等几种植物的种子[①]和 5 号植物标本，刷新了植物种子和标本的采集海拔高度。

郭永杰入海、攀珠穆朗玛峰采集种子，练就了坚忍不拔、吃苦耐劳的品格。吴征镒调查采集标本"越是深山穷谷越要去"的精神，郭永杰在种子采集实践中得以传承，精神薪火相传。执着的年轻采集达人，即使生于平凡，也可以因为努力而变得光芒四射。

杨俊波（1970—），硕士，正高级工程师。种质资源库分子生物学实验平台及 DNA 库主管，负责分子生物学实验平台及 DNA 库的分子生物学实验中心（图 2-9）。

为保障分子生物学实验中心的高效运转和全方位服务，杨俊

图 2-9　杨俊波讲述种质资源库库存及科研情况

---

① 在珠穆朗玛峰海拔 6220 米附近采集到的种子有紫草科山琉璃草属的珠峰齿缘草（Eritrichium qofengense Lian et J.Q.Wang）、菊科风毛菊属的鼠曲雪兔子［Saussurea gnaphalodes（Royle）Sch.-Bip.］和十字花科丛菔属的须弥扇叶芥（Solms-Laubachia himalayensis），须弥扇叶芥为新种。

波带领 8 名工程师，发挥老一辈科学家"坐冷板凳"的精神，以过硬的技术、吃苦耐劳的作风服务科研创新研究。杨俊波体会到榜样是团队的凝结剂，精神是团队的主心骨，不愧为分子生物学实验技术的领头羊。

图 2-10　杜燕在细心观察珍稀濒危植物种子发育情况

杜燕（1974—），硕士，种子保藏中心主管，高级工程师（图 2-10）。

种子是裸子植物和被子植物繁殖和传播的器官，对植被群落更新至关重要，对维持生态系统稳定意义重大。在搭建植物种子处理平台过程中，她严格规范处理流程及执行其技术标准，其目的是保持种子生命力。杜燕觉得如果对每一种植物种子从形态到生态有全面了解，对保藏工作会更有帮助，于是萌生编著一部关于种子专著的想法。《中国珍稀濒危植物种子》的出版，补上了现有论著里有关果实和种子科学信息不足的短板。杜燕以吴征镒"为学无他，争千秋勿争一日"的精神，做好每一种植物种子的保藏工作。鉴于种子与人们生活息息相关，应该有一系列"种子和种子库"原创性科普作品，让人们喜欢种子、关注种子。杜燕及其合作者编撰出版了《种子方舟——中国西南野生生物种质资源库》（2015 年）、《青藏高原特色植物种子》（2015 年）、《种子故事：珍稀濒危植物种子》（2020年），让千奇百怪的植物种子亲近大众。这无疑是一件喜人而又有益的好事。种子事业，功德无量，杜燕这一代开启征程，后来者还会接下接力棒，持续地造福人类、惠及子孙。

种质资源库作为国家重大科技基础设施，无疑如一座创新大厦，也是一项系统工程。种质资源库的管理者、采集达人、保藏专家和实验体系构成高效运行的支撑系统，研究者们守正创新，不负众望又深孚众望。

求实篇

　　追求真理、严谨治学，意味着坚持解放思想，不迷信学术权威。吴征镒从幼时对植物产生兴趣，到终生从事植物学的研究工作，他对待科研的态度，充满了对真理的敬畏和对知识的渴求。他在学生时代努力学习、求真求实，在为师授业时，带领学生攻坚克难，数十年如一日地奔波在祖国大地上，不断探索、发现，终于摸清了中国植物的家底，弄清楚了中国植物区系的来龙去脉等。这都源于他在科研工作中敢于质疑、勇于探索的精神，这种求真务实的精神使他能够在植物学领域取得一系列重大发现，为我国的植物学研究做出巨大贡献。吴征镒一生执着于植物学研究，他的求实精神和科研成就，将永远激励着我们不断前进，为科学事业的发展和祖国的繁荣富强贡献自己的力量。

芜园认植物，稚趣变热爱

    吴征镒出生在江西九江，刚满周岁时，他的祖父在浔阳道尹任上突发脑溢血而辞世，他便随祖母一同搬入扬州吴道台宅第居住。他整个童年和初高中时期，都在吴道台宅第里度过，所以吴征镒说自己是"出生于九江，长大于扬州"。

    吴道台宅第有一个花园，吴征镒的二伯祖吴引孙将其题为"芜园"。园子因无人打理，显得有些荒芜，但周围还是种着一些半野生的毛桃，杂种着一些梅花、杏花、李花之类的花木，还有紫薇、绣球、凌霄等杂木，中间有一大块草地。进门右拐，有一片孟宗竹林，有一亩多地。虽然它杂乱无章，但春天百花盛开时，也别有一番热闹景象。

    吴征镒幼时，吴家家道中落，一大家人面临"坐吃山空"的境地。吴征镒母亲让家里的佣人在芜园草地的一头开垦出一块菜地，冬天种上豌豆、蚕豆，春天好补点菜。童年的吴征镒常跑到芜园草地上"摸、爬、滚"一番，偷偷地在豌豆地里剥生豌豆吃，倒有些甜嫩味道。有时也会帮忙掐一些苜蓿小黄花来做菜。

    春雨时节，吴征镒喜欢趴在芜园的一角看春笋生长，从春笋露尖头到拔节放笋箨簌簌有声，有时候仅一天工夫，春笋就能长得和他一样高。这时的春笋到了生长旺期，植株会很迅速地向上直线生长，生长速度极快，而且生长的过程中，它的笋皮会开始掉落。每次观察春笋生长的奇妙过程，吴征镒总是津津有味，同时，他对植物的生长感到十分惊奇，这些细心的观察激起了他对植物最初的兴趣。

    到十一二岁时，吴征镒在父亲书房里发现《植物名实图考》《日本植物图鉴》，书里有许多植物插画。这两本书可以算是当时比较权威的植物学著作了。《植物名实图考》是清代吴其濬所著，是他在长期对植物进行实地考察和大量收集资料基础上编绘而成的，并用图文形式收载记录植物1700余种。《日本植物图鉴》是由被誉为日本植物分类学之父的牧野富太郎所著。吴征镒经常拿着这两本书，在芜园里看图对物，能对上一两种就觉得心里特别舒畅。当他看到《植物名实图考》里的素馨图（第三十卷）与园子里开小黄花的迎春柳有些相似时，心里尤其高兴。后来他从《植物名实图考》里看到梅、桃、杏、李等，在院子里都能找到它们，还有槐树、柳树及木槿，虽然都是常见的植物，过去却叫不出它们的名字，现在对上号，心里觉得很是畅快，兴趣也越来越浓了。

正如爱因斯坦所说："兴趣是最好的老师。"从幼时在芜园里的玩乐，到年少时拿着书本去遍寻植物，这一切都是兴趣使然，也正是吴征镒对植物的浓厚兴趣，使他后来主动去求知、去探索、去实践，并在这个过程中找寻到植物学的乐趣和他一生的志向追求。

在实践中成长，举办植物标本展

吴征镒 13 岁时，以同等学力考取江都县中学。当时，初一教生物的老师唐寿先生毕业于两江优级师范学堂，专攻博物学。唐寿先生非常注重生物实践课程，常常带学生们采集金花菜（苜蓿）、观察春笋生长等，同时还教学生如何采集植物及制作标本。当时的标本制作相对简陋，唐老师让大家将采集的植物平展地铺在有较好吸水性的土纸上，再加上一张土纸，放在标本夹里压起来就制作成植物标本。此外，他还让大家将采集的植物花果带回教室做解剖，吴征镒最初的植物解剖学知识也是从这里学习到的。之前，吴征镒自己在芜园里已经识得一些植物，跟唐老师到郊外采集后，就能认识更多的植物，心里很是高兴。采集过程中，吴征镒总是提问最多的学生，有一次他拿着一种叫米口袋①的植物在唐老师面前刨根问底，唐老师对有这样好问的学生感到十分欣慰。

吴征镒的二哥吴征鉴见他这么喜欢植物，就请他金陵大学生物系的同学焦启源来帮助吴征镒鉴定标本，并教他学习一些鉴定植物标本的基本方法，吴征镒学习到了一些重要的鉴定植物标本的要领。

吴征镒 15 岁时跳考扬州中学。高一时，毕业于东南大学理科植物系的唐耀先生教他们生物课。唐耀先生见吴征镒如此喜爱植物，对一个中学生能自采 100 多份标本，倍加欣赏，便让吴征镒把采集的标本在班上举办一次展览，以资鼓励。这次展览吸引了同级和不同级的很多同学前来参观，这对吴征镒的内心有很大的触动，更加让他坚定了从事植物学研究的目标，也让他

---

① 米口袋是豆科米口袋属多年生草本植物，学名为 *Gueldenstaedtia verna*，东北地区、华北地区、华东地区有分布。根圆锥状，茎缩短，在根茎处丛生；花萼钟形，花冠紫色，比较显眼。因其荚果呈圆筒状，内含很多细小种子，犹如盛米的口袋，故名"米口袋"。山坡、草地常见。

立下要报考生物系的志向。这或许只是唐耀老师鼓励学生自我学习的一件小事，但对于吴征镒，是影响他一生科研之路的大事，也可以说就是这件鼓动心灵的小事，成就了吴征镒从事植物学研究的未来。

此外，在高中期间，唐耀老师鼓励吴征镒读一读《高等植物学》《植物形态学》，这些都属于大学才会学到的专业知识，并介绍商务印书馆编印的综合性自然科学杂志《自然界》给他看，以扩大其植物学方面的眼界和知识面，养成边采集、边学习、边思考的习惯。

吴征镒在初高中时期，得到两位唐老师的特别关心，对植物的兴趣渐增，奠定了他对植物学研究求真求实的初心，高中毕业后，吴征镒如愿考入清华大学生物系，得以对植物学进行更加深入的学习和研究。

实践"三严"学风

1933 年，17 岁的吴征镒如愿考入清华大学生物系。在李继侗、吴韫珍等名家的熏陶下，他学习先进的植物分类学、植物生理学和植物生态学知识，同时进行野外的植物采集调查，学业上日渐长进。

1936 年夏，吴韫珍老师带领清华大学生物系九级学生赴察哈尔小五台山（现属张家口市蔚县）做植物采集考察。他们在小五台山山沟和林下采集到不少莎草科苔草属植物标本，苔草属植物的多样性非常显著，山沟林下、高山草甸中，苔草属植物成为标志性的物种，有时形成局部优势。薹草属种类很多，全世界有 2000 多种，广泛分布于北温带，是现代高等植物中最大的属。该属分布广，自然变化大，一时间很难做出准确的鉴定，素来在各区域植物志中都是"拦路虎"。

在分类学前辈中，吴韫珍先生是主张分类研究"不以搜求新种为目标，而是将前人发现的物种加以实际的考订和整理，目的在于建立系统研究的基础"的前贤。吴韫珍老师业已完成对华北的菊科蒿属（*Artemisia*）、蝶形花科胡枝子属（*Lespedeza*）的系统整理。为了精益求精，在这些资料付印时他还会加以复核校订，吴韫珍先生对科研的严谨态度可见一斑。在吴征镒毕业前一年，吴韫珍先生把苔草亚科的整理作为毕业论文主题交给吴征镒来完成（图 3-1）。

接下任务，吴征镒在清华大学生物系图书馆里找到世界苔草属权威的巨著，即由 G. Kuekenthal 于 1909 年撰著的 *Cyperaceae——Caricoideae in Engler's Pflanzenreich*（《恩格尔系统中莎草科苔草亚科植物》）和日本秋山茂雄（S. Akiyama）不久前出版的日本苔草属专著，并将这两部书作为主要参考用书。在吴韫珍先生分类思想的基础上，吴征镒用毕业前这一年的课

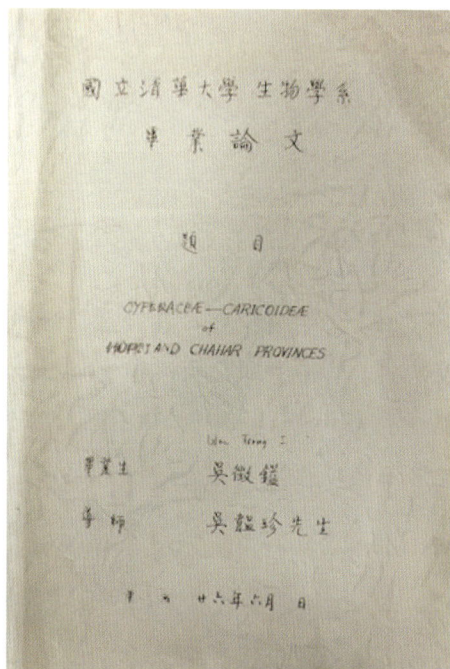

图3-1　吴征镒清华大学生物系毕业论文封面

余时间，完成了对河北和察哈尔[①]两省莎草科苔草亚科植物的初步整理，找到了两省50余种苔草亚科植物的"娘家"（指产地）。

河北和察哈尔两省的苔草亚科植物分类研究中，苔草属植物的囊果和颖果是种级分类的主要依据。吴征镒遵照吴韫珍老师严格、严肃、严密的"三严"学风要求，在按比例尺打好的格子纸上照实画出物种囊果和颖果的形状，进行对比，鉴定物种[②]。在大学三年级和四年级期间，吴征镒也画过一些植物图，如凤仙花之类的实物图，但都在战火中遗失了，而苔草属植物的分类图在毕业论文中得以保存下来。那时，吴征镒20岁出头，初作植物形态图画，下了一番功夫，认真如实地画下苔草属植物的囊果和颖果，也是学习吴韫珍老师作画的一次实践。

全世界有苔草属植物2000多种，英文增订版《中国植物志》（Flora of China）记载中国有527种，其中中国特有种有260种。在吴征镒的毕业论文中，回答了在河北和察哈尔两省有多少种苔草属植物的问题。在河北和察哈尔的山谷、草地或湿地可常见到苔草生长。这样一篇经过近一年实地考察后撰写的论文对苔草亚科在我国河北和察哈尔的分布、分类和形貌特点都做了具体的阐释，也是吴征镒对吴韫珍老师悉心培养最好的回馈。

1999年11月24日，时逢闻一多先生100周年诞辰，那天中午吴征镒

---

① 1952年，中央人民政府政务院决定撤销察哈尔省，辖区分别划归河北、山西、内蒙古和北京。

② 当时无扩大仪，只能用画格子的办法来解决问题。

收到来自清华大学图书馆的信，拆阅后发现竟是他 1937 年毕业时的毕业论文，深感意外和欣喜。1937 年吴征镒清华大学毕业，留校当助教。他领了第一个月的工资后就参加了段绳武组织的西北科学考察团，赴宁夏河套和内蒙古考察，毕业典礼都没有参加。卢沟桥事变（"七七"事变）后，北平沦陷，考察团无果而终，吴征镒也回不了清华大学，原来留在宿舍里的书本笔记和刚完成的毕业论文一并遗失了。这篇论文在清华大学图书馆阁楼上沉睡了半个多世纪，经历了战争炮火的考验，完整地保存了下来。对吴征镒来说，时隔半个世纪，又能有幸看到吴老师批阅过的毕业论文，真是如获至宝，喜出望外，更加深切怀念授业老师吴韫珍先生。

科学考察，每闻必录

在清华大学生物系学习时，吴征镒在吴韫珍先生的言传身教影响下，慢慢养成细心观察植物和及时记录植物性状的习惯。吴韫珍先生写得一手俊秀的蝇头小楷。上课时，吴韫珍先生总是提前在黑板上写满教课的提纲要意，吴征镒在抄写笔记时，模仿先生的笔路，也练得一些写字的笔法，久而久之，学会写蝇头小楷，也愈加像先生的笔路风格。

做植物分类研究，必须勤于野外考察，野外就是大课堂。1938年，吴征镒随湘黔滇旅行团由长沙步行到昆明，后又随同吴韫珍先生到大理苍山、宾川鸡足山考察，无论是在小五台山考察还是在云南大理、宾川考察，吴韫珍先生一路采集，一路笔记不停，休息时也是先完成记录才休息。吴征镒看在眼里，记在心里，学先生勤记笔记，这也是吴韫珍先生带出来的好习惯。

边考察边记录的习惯伴随吴征镒的一生。1953年3—5月，吴征镒参加中国科学院代表团赴苏联访问，钱三强为团长，全团共26人，均为国内著名的专家学者，有华罗庚、冯德培、贝时璋等，代表团分6个学科组，其中生物组组长为贝时璋，吴征镒为副组长。代表团访问了莫斯科、列宁格勒、基辅、塔什干等地，先后访问了98个研究所和11所大学，参观诸多工厂、矿山、集体农庄、展览会和博物馆。每到一处吴征镒总是勤于记笔记，现时记录下来，华罗庚开玩笑式地说吴征镒"你总是有闻必录"，吴征镒不在意，因为他心里只想着有了笔记才好做总结。赴苏联访问归来，考察团在长春做了一个多月的总结，吴征镒满满当当的笔记派上了用场。吴征镒在考察结束后撰写了《植物学专科报告》《苏联植物学家在改造自然与利用自然资源方面的工作》《苏联植物学研究与农业生产的结合》《苏联植物学研究工作概况》等4篇报告。这些报告如今已成为人们了解苏联当时植物学研究状况的宝贵历史资料，弥足珍贵。

1975年5月，吴征镒和他的研究生陈书坤首次赴西藏考察，这也是我国第一次青藏高原综合科考的任务之一。这次考察沿青藏线入藏，从青海格尔木出发，翻越唐古拉山，主要考察喜马拉雅山脉北坡的植被和青藏高原面的植物区系，包括森林、灌丛、草甸、草原和高山荒漠带。该考察西至萨嘎，南至日喀则、聂拉木和吉隆，历时3个多月。考察归来，吴征镒的考察笔记有6本之多，每页都写得满满的。陪同考察的陈书坤说："吴老进山入林考察，不忘记笔记，即使乘车途中也在记笔记，在汽车颠簸中记笔记可是吴老的绝活，一般人做不到。"

1976年6月，吴征镒二次进藏考察。他从昆明出发，走滇藏线，横穿金沙江、澜沧江和怒江三江大峡谷，考察喜马拉雅山脉东南麓横断山区植被垂直带及其分异，亲睹雅鲁藏布江河谷柏树林和大片原生云杉林，蔚为壮观，增添了吴征镒对青藏高原植物区系多样性的感性认识，他还特别注意到横断山区与青藏高原植物区系之间的差异和联系。历经三江并流地区，他认真记录了各河谷的干热、干暖和干冷区系物种的名字，从名录中不难看出各河谷植被的特殊性和多样性，并在他脑海里留下深刻印象。考察中，吴征镒特别注意了解各植被类型的植物区系成分、组成结构和分异，力求把握植被类型演替与植物区系成分演变的内在联系，这些记录对深入分析植物区系演化和种系发生的异同很有帮助。

所有这些考察的具体内容，在吴征镒一本一本的笔记里都能找到踪迹。连同吴征镒参加橡胶宜林地考察的笔记本，如今都珍藏于云南吴征镒科学基金会。从一本本排列整齐而形态各异的笔记本中，可清晰看出吴征镒边考察、边记录和边思索的思想轨迹。如今我们阅览这些笔记本，如同跟随他走进西藏的山林草甸，看到不同的植被类型。

这些内容都是吴征镒和一同考察的人员一步一步"走出来"、一点一滴记录下来，又一笔一画整理出来的，这体现了他们对植物研究的专注和弄清全国植物家底的执着，更是一个科学家孜孜以求、不断求真务实的真实写照（图3-2）。

图 3-2　吴征镒的笔记本

　　吴征镒西藏考察归来后，中国科学院安排他赴青岛疗养休整，但在那里吴征镒也没有闲着，他带去了一大箱西藏标本，在休整的一个多月里把西藏植物名录做了出来。他随即组织力量编写《西藏植物志》。1987 年，5 卷《西藏植物志》问世。如果你看了《西藏植物志》，就会发现西藏并不全是人们想象中的高寒荒漠之区、植物区系匮乏之地，西藏有维管束植物 208 科 1258 属 5766 种，居全国第六位，高于湖南、湖北等地区。

实事求是地开展橡胶宜林地考察

1950年，朝鲜战争爆发，美国等西方国家对中国实行封锁政策，包括禁运天然橡胶，新中国面临难上加难的境地。国家要发展经济，少不了天然橡胶：汽车、飞机都少不了轮胎；制造精密仪器需要绝缘材料；人民生活需要胶鞋、雨衣。为解决这一难题，必须自主开辟天然橡胶的来源，这是唯一的出路。

1951年，中央人民政府政务院副总理陈云赴海南调查，了解海南华侨橡胶园的情况，并召开座谈会听取各方人士意见，认为海南发展橡胶树种植大有前途。之后，党中央做出一定要建立天然橡胶基地的战略决策。1951年8月31日，中央人民政府政务院第100次政务会议决定，为保证国防工业及工业建设的需要，必须建立自己的橡胶种植基地。国家做出培育橡胶树种植业、大面积种植橡胶树的决定，在海南和西双版纳开辟橡胶树种植基地。

在陈云领导下，时任中国科学院副院长竺可桢及中国科学院植物分类研究所副所长吴征镒等一批植物学家参与橡胶草、橡胶树种植和野生橡胶植物资源调查计划的制订，广泛征询橡胶草、印度橡胶和巴西橡胶有关情况和引种可行性问题，商议研究橡胶树宜林地考察和大面积种植橡胶树的相关问题。

中国科学院组建橡胶宜林地考察队，吴征镒是负责人之一，复旦大学、中山大学和云南大学等高校参加。1952年冬，吴征镒与中国科学院植物研究所朱太平、中国科学院南京土壤研究所张佑民、中国科学院南京土壤研究所赵其国等赴海南西部，以那大为中心考察植被和土壤。复旦大学焦启源、云南大学曲仲湘领队到徐闻一线考察。华南农学院蒋英、中国科学院华南植物研究所黄成就领队赴海南东路考察。中国科学院华南植物研究所派何绍颐、周远端、王铸豪参加考察。

在考察的过程中，吴征镒发现，有的队员做样方（划定一定面积，对其中所有植物进行记名、计数，描述和记载植物生长情况、生态环境、地形地貌、土壤特征等）不够认真仔细，特别是遇到无花无果的标本，不认真查对植物学名，记录物种草草了事，这样会影响样方调查质量。吴征镒对大家讲明只有弄清样方里的物种组成，样方调查才有意义，否则就会空忙一场，甚至会误大事。他要求大家做样方要原原本本地记录，认认真真地鉴定物种。吴征镒以身作则，详细记录样方物种和数量，尽自己所知讲解样方植物的区系性质和分布范围。热带雨林中比较典型的龙脑香科（Dipterocarpaceae）植物，如青梅属（*Vatica*）植物，都是比较高大的乔木，有时林下会有一些小苗，无花无果，做样方时难以区分。吴征镒提醒大家注意观察小苗与大树的关系，这样就容易确定是否是大树的小苗了。

人们常说"方寸之间显功力，细微之处见真章"，吴征镒在考察时十分注重对细节的记录，正是吴征镒这一点一滴的功夫和言传身教的指导，才让更多的考察队员更加注重样方制作这样看似不起眼却非常重要的工作。

焦启源带来复旦大学刚毕业的 7 位女生（陈灵芝、胡嘉琪、杨澄、孙鸿良、吴玉树、屠骊珠、顾其敏）参加考察，吴征镒见到复旦大学清一色的女生，随口给她们定了一个学名——Fuda multiflora，从此"复旦七姊妹"在考察队传开了。

要弄清海南的植被分布状况和植被性质，必须做好各植被类型的样方调查工作。"复旦七姊妹"之一的胡嘉琪教授回忆吴征镒当年带领他们在海南考察橡胶宜林地的情况，她说："这位老专家的诙谐和幽默，给我们留下深刻的印象，后来我们才知道他原来是队里著名老教授、专家中最年轻的一位植物分类学家吴征镒。"她又说："当时所谓业务队员所做的工作，简单地说就是采集标本和拉样方。我们这些大学生虽然已修过植物分类学，认识不少华东地区常见植物，但对华南热带植物有很多都不认识，采标本问题不大，做样方却困难重重，晚上回来整理材料时，就拿着白天所采集的标本和样方中遇到的标本去问吴征镒，他立马一一回答，无论是有花果的，还是没花果的，以及植株枝叶或幼苗，绝大多数他都能告知其所属的科、属、种，经常完整地写出它的学名；对植物的幼苗，较难辨认，我们一时分辨不清，问了又问，而他不厌其烦地告诉我们，并说我们已经采过了。我们对他学识渊博、认植物过目不忘，无比钦佩，庆幸能跟随这样一位非常棒的专家一起工作，能认识大量南方植物，提高了识别植物的水平。"按当年流行话讲，胡嘉琪说："吴征镒是又红又专的年轻老专家。"吴征镒帮助她们认识样方调查的植物，讲解考察区植被类型和植被分布特点。考察中，"复旦七姊妹"虽然是新手，却是做植被样方调查的好手，成为考察植被、区系和土壤调查的主力（图3-3、图3-4）。

橡胶宜林地考察中，吴征镒之所以能基本说出海南和西双版纳地区的热带植物名字，是因为他在1940—1950年，花了10年工夫，制作了3万多张中国植物的模式标本卡片。吴征镒研究了业师吴韫珍从奥地利研究中国植物的权威韩马迪（H.Handel.–Mazzetii.）处抄录的中国植物名录和秦仁昌从Kew（英国邱园）、Wien（维也纳）、Uppsala（瑞典东部城市乌普萨拉）的Thunberg（桑伯格）标本室拍摄的中国模式标本照片。吴征镒精读了标本上记录的采集者、研究者及植物的各种小生境，对各种植物地理考察记录及其在植物群落中的地位了如指掌。这3万多张植物卡片除记载植物名称外，还记录着采集者、研究者及其相关文献，意欲编写"中国植物名汇"。十年寒窗，通过制作卡片，吴征镒脑海里铭刻了中国3万多种植物的"生世"。苏联的专家称他是"植物电脑"，国内专家称他是"植物活词典"。吴征镒在考察中"追求真理"的底气十足，也总能给队员们带来及时的帮助。

图3-3 1953年，橡胶宜林地考察海南分队队员（中立者为胡嘉琪，其后者为顾其敏，右后一为孙鸿良）

图 3-4　1997 年胡嘉琪在昆明看望吴征镒先生

吴征镒是一位科研上的寻真者，在考察中能看明植物"真相"，记住植物的形态特征和分布地区，还要察看建群物种有哪些"伙伴"（伴生植物），专业语言叫物种的生物学特性和生态学特性。这些事看起来不复杂，但都需要认真仔细地做好。吴征镒行路中总是全神贯注地观察植物，但因为天生是平足，容易绊跤，在这种情况下队员都及时相扶。他在野外考察一丝不苟，队员们看在眼里记在心上。毋庸置疑，海南和西双版纳的自然环境具有热带性质，但它们毕竟处于热带北缘地区，因而他们特别关注该地区与热带腹地的马来西亚等地区有什么不同，如植物种类、温度和积温、雨量分布格局、台风的危害和寒潮的影响等方面，弄明白这些差异，才能有针对性地研究对策，兴利避害，尽可能为橡胶生活和生长寻求有利条件，这样方能让橡胶树安家落户。

1952—1954 年，吴征镒每年都要带队去海南，一蹲就是几个月。他们对橡胶宜林地的大气、水、土壤等情况进行综合考察，积累了几万个科学数据。根据这些数据和一些归国华侨的橡胶种植经验，他们总结出大苗定植法等种植方法，试验成功后及时推广。1955 年，海南的橡胶林开花了。它们用带着清香的淡黄色花朵回报着科学家们的辛劳，似乎在向他们许诺着新中国美好的未来。

橡胶原产于巴西，广植于东南亚，因为东南亚具有与巴西热带地区相似的自然环境生态条件。经过持续几年的橡胶宜林地考察，吴征镒等考察人员实事求是地确定了海南和云南西双版纳地区具有热带生态环境条件，从而开创了我国种植和生产橡胶的历史。

奉献篇

　　1958 年，吴征镒举家迁往云南。许多人不理解，为何当时在首都已有一番事业的他，要选择去边疆偏远地区。他给出的理由很简单——希望能专注于自己热爱的植物学。随着植物学研究的深入，吴征镒的足迹遍及全国，喜马拉雅山的雪峰和塔什库尔干的沙漠都留下了吴征镒的身影。年逾花甲时，他还坚持赴湘西、贵州、青海、东北等地考察，两次进藏、两次入疆，并多次带队到国外交流考察。其成果有因摔跤而发现的新记录种，有随时随地记录的各种笔记本，数不胜数，正是一次次的考察、一点一滴的记录，系统全面地回答了中国现有植物的种类和分布问题，让他摸清了中国植物资源的基本家底，他为我国植物学的发展奉献了毕生精力。

植物王国召唤，建设中国科学院昆明植物研究所

1949 年 11 月 1 日，中国科学院成立，建院初期吴征镒调入中国科学院，任中共中国科学院党组成员兼机关党支部书记，参与建院初期生物学口研究所的调整、组建等工作，如中国科学院植物分类研究所（后中国科学院植物研究所）、中国科学院南京中山植物园（后江苏省中国科学院植物研究所）、青岛海洋生物研究室（后中国科学院海洋研究所）、中国科学院水生生物研究所及中国科学院华南植物研究所等的组建。其间，他参加了华南热带植物资源考察、橡胶宜林地考察等国家区域性自然资源科考。1958 年，院属生物学口研究所大体有了部署格局，吴征镒向中国科学院领导提出到云南工作的请求，并得到院领导的首肯，吴征镒与蔡希陶一道肩负起建设中国科学院昆明植物研究所的任务。1959 年 4 月，经国家科委批准，正式成立中国科学院昆明植物研究所，吴征镒任所长，蔡希陶、浦代英任副所长。

对于为什么选择云南，吴征镒曾在《九十自述》里说："我已年逾不惑，亟思寻一安身立命的场所有所创树，才对得起这一学部委员的头衔。"这个"创树"，就是吴征镒 1958 年来到云南后进一步提出的弄清植物的时空发展规律、弄清全国植物区系发生发展的变化规律、立足云南放眼中国和世界植物的宏图大愿。吴征镒发现，研究植被和植物资源必须过植物区系这一关。说白了，如果不认识植物，其他一切就无从谈起。为实现这个"创树"，他百折不挠地执着探索，最后有所成就。

1958 年，吴征镒举家迁往昆明，在那里坚守了将近 60 年，直到生命的尽头。儿女们也从北京人成为昆明人，跟随父母在昆明安身立命，昆明成为

他们的第二故乡。"扎根边疆，献身科学"是吴征镒等老一辈科学家给昆明植物研究所树立的丰碑，也是立所的精神支柱。

在边疆建研究所本来就是一件不易之事。北京的植物研究所和昆明植物研究所本是同根生。但昆明毕竟有别于北京，除了云南有"植物王国"的优势外，建所时学科基础薄弱、科研人才缺乏、基础设施滞后，如三座大山摆在面前，拦住了建设区域性综合研究所的道路，怎么办？要搬动它，力量来自哪里？谈何容易。要绕过它，路漫漫其修远兮，人力和时间都耗不起。吴征镒来到云南，下定决心选择翻山越岭之举，如红军长征翻雪山过草地一样，下定决心攀登就一定能够取得胜利。

任务带学科

吴征镒针对昆明的实际状况，在补足学科基础方面，以"任务带学科"的举措锻炼队伍、培养人才，逐渐补其短板。建所初期，时逢国民经济恢复发展阶段，国家需要尽快摸清自然资源家底状况，开展大区综合考察，为应对列强封锁，自力更生发展橡胶种植业等。

昆明植物研究所承担多项区域性综考任务，如橡胶宜林地考察、中苏合作云南热带生物资源考察、云南紫胶及其寄主植物资源考察和野生经济植物资源调查等。昆明植物研究所主要科技人员，无论是大学毕业生还是高中毕业生，几乎全员上阵。连续多年的考察，一方面为研究所采集大量植物标本，大大充实标本馆藏；另一方面也锻炼了科技人员。考察中以老带少，认识植物多的人带认识植物少的人，大家互帮互学，掌握植物标本采集技能，认识植物少的人和不认识植物的人的能力都有较大提高，促进了自己学科技能的积累。考察中还采集了各类经济植物分析样品，为植物化学成分的分析研究提供大量样品，促进植物化学研究的提升。

蔡希陶领衔开展樟科植物精油成分研究，也以同样方式促进植物化学学科成长。吴征镒夫人段金玉到昆明后，着手建立植物生理研究室，以香料植物香叶天竺葵等为研究对象，开展植物矿质元素营养生理研究，在"练兵"

中熟悉技能、增加学科积累，促进植物生理学科的发展。昆明植物园在蔡希陶、冯国楣主导下，通过建设茶花园、树木园等任务，园区引种驯化植物数量大幅提升，初具规模，员工的播种、扦插、育苗和园林布局等技能有较大提高，昆明植物园逐步成形。

按计划安排，西双版纳热带植物园和丽江高山植物园于1958年陆续展开建设，蔡希陶担起"筚路蓝缕，以启山林"的重任，建设西双版纳热带植物园，在始建于大勐龙小街后迁至勐仑的历程中，采用边建设、边学习、边工作的方式推进建园。所部调集人力物力给予大力支持，意在"大上快上"，建出成效。而丽江高山植物园，先布下棋点，得坐几年"冷板凳"，等待时机再加大建设力度。至此，形成由植物分类地理研究室、植物化学研究室、植物生理研究室、昆明植物园、西双版纳热带植物园、地植物组、土壤组、木材组、丽江高山植物园和元江引种站等科研单元构成的基本格局。昆明植物研究所的学科格局基本完成定位。

搬走拦路虎

昆明植物研究所建立初期，科研人才缺乏是必须要解决的重要问题，不能让"人才缺乏"这只"拦路虎"挡住研究所的发展。在位于祖国西南边陲的昆明建所，科研人才不能与京沪地区的研究所相比，京沪地区人才来源于著名高等院校，特别是一流院校，这对昆明植物研究所而言是可望而不可即，困难显而易见。

面对这种情况，吴征镒、蔡希陶和浦代英3位所领导统一思想，采取不拘一格培养和选用人才的方针，不在意人才来自何方何地哪个院校，只要愿意投身植物科研工作，他们就放手让大家在科研实践中锻炼提高，鼓励他们自学成才，支持高中生就读各类业余函授大学，用多条途径，最大限度地激发大家学习植物学基础知识的内在积极性。其间，也确实有北京大学、复旦大学、武汉大学、四川大学等院校毕业生过来，但凤毛麟角，被视为"宝贝"。在中国科学院实行科技人员评定技术职称过程中，3位所领导"不拘一格"选用人才的承诺得到落实和兑现，激励着昆明植物研究所科技人才的茁壮成长。老一辈科学家为年轻科技人员的成长铺就了一条成才之道，实践证明这是一条可世代相传的宝贵经验。

千方百计筑基石

昆明植物研究所基础设施滞后也是建所过程中不可忽视、需要认真对待和努力解决的问题，积极争取国家和中国科学院的支持固然是主渠道，但吴征镒、蔡希陶、浦代英决定采取多渠道、多途径方略来争取支持。例如，通过科研项目合作争取院外的支持，通过为地方国民经济建设服务争取云南省的支持。第一座植物化学楼就是由地方合作方出资兴建的，第一台90兆傅立叶核磁共振仪是云南省政府给予外汇支持购置的。昆明植物园、西双版纳热带植物园、丽江高山植物园的用地都是云南省、昆明市、西双版纳傣族自治州、丽江市等大力支持划定的。植物化学与西部植物资源持续利用国家重点实验室的华立楼得到昆明当地企业的赞助兴建而成。据不完全统计，昆明植物研究所建立初期每年承担的云南科研项目占全所科研项目的10%～20%，获得云南省科技成果奖的项目（不乏特等奖和一等奖）约占全所成果奖的10%。吴征镒对逐步发展和调整完善研究所的方向任务和有计划、有重点地建设研究室有深切体会。在实践中，针对发展面过宽过大的问题，他适时调整学科结构，将微生物、土壤和生态等学科调整到更有发展前景的单位，集中发展、合理利用与植物资源密切相关的基础学科和应用学科，取得相得益彰的效果。吴征镒对学科的调整非常慎重，把握好时机和力度，他认为调整不等同于学科的取消或终止，而是要让其得到新的发展机会，成长得更好。

值此，以吴征镒为首的昆明植物研究所领导，带领全所员工，翻越摆在面前的"三座大山"，昆明植物研究所走上新的发展轨道。

花开三带，果结八方

1963 年，吴征镒主持召开中国科学院植物研究所昆明分所所务扩大会议（图 4-1），全面总结建所以来的经验和不足，以利再战。吴征镒做《三个战场，八个兵种，建设综合研究所》报告，蔡希陶做《发掘利用野生植物资源》报告，提出昆明植物研究所战略发展方向和目标是"花开三带，果结八方，群芳争妍，万紫千红"。

图 4-1　1963 年，参加所务扩大会议的全体人员（前排坐者左起为周凤翔、蔡宪元、段金玉、浦代英、蔡希陶、晋绍武、吴征镒、唐燿、周光倬、李楠、冯国楣，后排立者左起为张月英、苏蓉生、杨崇仁、周俊、高粱、卢仁道、周铉、张克映、武全安、张敖罗、汤朝兴、李锡文、吴又优、刘伦辉、杨向坤、俞绍文）（后排缺失一位成员的姓名）

吴征镒的报告阐述了昆明植物研究所的长期战略目标，并提出"两条战线、三个战场、八个兵种"的构架。"两条战线"指针对植物物种的水平和群落水平两方面的科研工作；"三个战场"指在云南的热带地区、亚热带地区和亚热带高山地区开展工作；"八个兵种"指科研的学科手段，即植物分类和区系地理、植物资源化学、植物生理、植物栽培、植物形态、植物群落学（广义）、植物土壤和植物小气候。

吴征镒从云南植物种类和资源的丰富性和特殊性出发，提出在物种水平和群落水平"两条战线"上的工作不可偏废，都是"作战对象"，但"战线的重点首先是征服种的问题"。从云南特殊地理环境和生态多样的客观实际考虑，提出"三个战场"并非齐头并进，先上昆明战场，5年内上西双版纳热带植物园，丽江高山植物园得先坐一下"冷板凳"。吴征镒分析"八个兵种"，其中植物分类和区系地理、植物资源化学、植物生理、植物群落学（广义）为"辎重兵"，植物栽培、植物形态、植物土壤和植物小气候为"服务兵"。各"兵种"的共性问题是人才的培养和建设，要不断提高人才的素质。吴征镒从发展战略高度谋划，特别提出学科建设也有轻重缓急的问题，全所应"一盘棋"考虑。这样的阐述分析，既紧密结合云南实际，又高瞻远瞩，面向未来全所统筹，具有战略性和前瞻性，在建所史上具有里程碑意义。这样的思路，在后续的建所任务中也具有指导意义。

1981年，中国科学院组成专家评议组[①]对昆明植物研究所进行评议（图4-2）。专家评议组分别与课题组负责人及科研人员座谈并交换意见，全面了解科研及管理情况，还实地考察各研究室。

建所23年来，昆明植物研究所到底取得了哪些经验？经过全所职工的反复讨论，归结了6个方面：其一，逐步发展和调整完善昆明植物研究所的方向任务。昆明植物研究所的方向任务不可大转弯式变动，要采取慎重态度，依据实际情况和国家的需求来逐步调整完善。其二，重视培养和建设科技队伍。在边疆建所，人才匮乏是事实，但并不是不可翻越的高山。以吴征镒为首的所领导采取放手让大家到实践中锻炼成长和不拘一格培养和选拔人

---

① 专家评议组组长为徐冠仁（中国科学院生物学部副主任、院士），副组长为俞德浚（院士），成员有王伏雄（院士）、高怡生（院士）、周维善（院士）、姜汉侨（云南大学副校长）、王维章（微生物专家）、薛攀皋（中国科学院生物学部学术秘书）、张经炜（中国科学院生物学部秘书）等。

图4-2 1981年，中国科学院组织专家评议组到昆明植物研究所做实地调查（右起为王伏雄、吴征镒、张宏达、周维善、徐冠仁）

才的对策，取得实效，克服了人才短缺的困难。其三，集中力量，有计划、有重点地建设研究室。吴征镒反复强调全所"一盘棋"考虑，分轻重缓急来处理，分类区系地理和植物化学优先重点发展，随即加强植物生理和植物园建设，有步骤、有计划展开，做到心中有数。其四，比较自觉地贯彻"两侧重、两服务"的方针。"文革"结束，迎来科学的春天，1979年，中国科学院提出"侧重基础、侧重提高，为国民经济和国防建设服务"方针，为全院工作和政策定下基调，以利于全院发展。基层的昆明植物研究所更感同身受，行动起来自觉性自然很高。其五，有一个团结一致、互相支持的领导班子是办好昆明植物研究所的关键。吴征镒等所领导旗帜鲜明地强调领导班子的团结问题，不搞自由主义，有意见开诚布公交谈，按组织原则处理，吴征镒、蔡希陶、浦代英率先垂范，起表率作用。其六，培养和建设好研究室一级的业务领导班子。研究室领导班子起着承上启下的关键作用，必须用心建设和培养，以业务素质和组织能力为主要标准，进行考核选拔。这6条经验的详细汇报，得到专家评议组的一致认可。专家评议组特别指出：逐步发展和调整完善研究所的方向任务、重视培养和建设科技队伍与有一个团结一致、互相支持的领导班子，这3条尤为重要，值得院内生物学研究单位借鉴。

"评议报告"指出："昆明植物研究所充分利用云南省的有利条件，从摸清云南植物的家底及合理开发利用云南植物资源出发，开展植物分类、植物地理、植物化学、植物生理、植物引种驯化和植物形态解剖等多学科的综合研究工作，为国家经济建设和国防建设服务。研究所办所的指导思想符合中国科学院'两侧重、两服务'的方针，方向任务明确，有自己的特色。"

昆明植物研究所全面总结建所的新经验，也看清了进一步发展的机遇和挑战，在昆明植物研究所发展史上具有里程碑意义。吴征镒把他的科研智慧、领导智慧和组织智慧全都献给了昆明植物研究所的建设。

为本草正名，贡献光和热

我国古代把药物称为本草，"本草"一词最初出现于《汉书·郊祀志》，提到"本草待诏"，即本草之官吏。在我国5000多年的历史长河中，本草著作有300余部，是中华灿烂文化的组成部分，对中华儿女在华夏大地繁衍生息、消灾祛病、维护健康、救死扶伤做出巨大贡献，无疑是中国古代科学的瑰宝。

1970年，"文革"中的吴征镒在开水房烧锅炉。此时全国大搞中草药运动，驻所的工宣队和军宣队，紧跟"大搞中草药运动"之风，将其视为"抓革命，促生产"的行动，组织科技人员赶赴各地州调查中草药，调查中遇到一些疑难物种不认识，科技人员经常带着小标本来开水房问吴征镒。一来二去，居然成了常事。吴征镒说："他们需要我的帮助，我也借此又捡起鉴定植物的本行来。"

吴征镒一直对中草药植物很关注，他估计中国本草书籍记载有几千种药用植物，这些中草药大多数的植物名称（包括学名、中文名）和分布用途，他都记得比较清楚。劳动之余，在没有参考资料可查的情况下，他会给同事们鉴定中草药，而且十分乐意。那时，云南省举办中草药展览会，昆明和各地州都来参加。展览会展出的中草药植物，只介绍中名或俗名、性味功能等。吴征镒在征得昆明植物研究所革委会的同意后，前往中草药展览会为展出的中草药鉴定学名。所里同事们搜集了各地州的中草药手册，也有四川、贵州等邻近省份的中草药手册，将其带回来送给吴征镒参考，这样他就可以在更大范围内了解全国中草药采集和利用的情况。

每天烧锅炉的劳动量不算太大，在狭窄的开水房里，吴征镒坐在一个小凳子上，周边放着各地的中草药手册，吴征镒一一记录中草药植物的名字、分布地点、主要用途等。所用的稿纸都是同事们带来的一些旧稿纸、信笺或白纸等，稿纸上写了密密麻麻的蝇头小楷，几乎没有空白，记录着中草药植物的信息（图4-3、图4-4）。那时候，图书馆和标本馆被工宣队视为"封、资、修"而封闭起来，没有资料参考，无标本对照，全凭自己的记忆，写下植物的中名、学名、分布和入药部位等信息，真是不易。

对于一位年过半百的老者来说，坚持的毅力一点未减，脑力劳动并不轻松，辛勤、辛

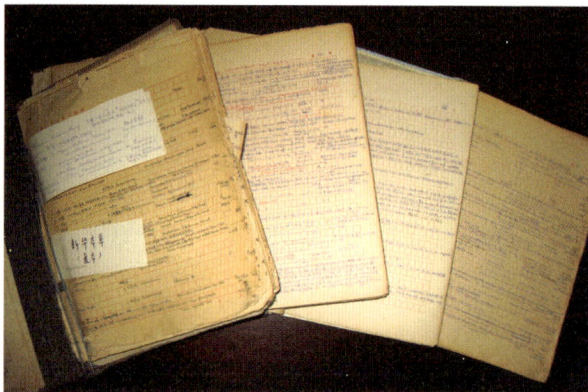

图4-3　吴征镒中草药植物名称考订的4本笔记

劳、辛苦全汇聚在文稿的字里行间。吴征镒却很乐观地说："这使得自己对植物分类的研究不至于间断。"

武素功、李恒、杨崇仁3位成为吴征镒当时的主要助手，常来开水房送稿纸和收集到的资料，再把吴征镒写满的稿纸取回去整理和复写。他们都是吴征镒笔记的第一读者，也一直在帮助吴征镒做后续工作，并保护着这份珍贵资料，难能可贵。

任何人看到吴征镒写得密密麻麻的四大本中草药笔记，都会为之震撼。在"文革"期间，吴征镒仍然以坚强的毅力和非凡的智慧，努力实现他的科学理

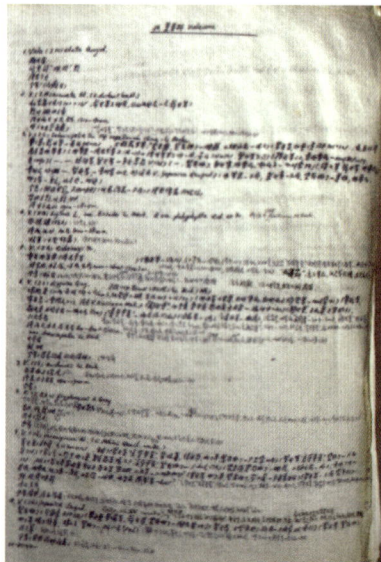

图4-4　吴征镒中草药文稿中关于紫堇科的笔记

想。吴征镒花如此大的精力做成四大本中草药笔记，他对每一种植物尽其可能考订正确的植物学名，这样才能逐步理顺我国中草药植物中存在的异物同名、同物异名的混乱情况，建立起中国药用植物科学的分类体系。

1990 年，中国科学院昆明植物研究所和江苏省中国科学院植物研究所、中国医学科学院药物研究所 3 家合作，吴征镒任主编，周太炎、肖培根任副主编的《新华本草纲要》（3 册）出版，收载约 6000 种植物，按现代分类系统排列，科内按植物属名排列，属内按种名拉丁文字母顺序排列。《新华本草纲要》以"文革"期间吴征镒撰写的 4 本中草药植物名录为底本，经 3 个研究所植物科技工作者集体编撰而成，是一部率先开启中草药正名工作的专著。

2007 年，吴征镒等在《植物分类学报》上发表一篇题为《胡麻是亚麻，非脂麻辨——兼论中草药名称混乱的根源和〈神农本草经〉的成书年代及作者》的论文（图 4-5），通过形态性状、地理分布等证据的对比，查考多部古籍本草，也巡查了现代植物学文献里的混淆情况，以辨明胡麻、亚麻、脂麻历史名称为例，研究确定胡麻即亚麻，属于亚麻科（Linaceae），学名为 *Linum usitatissimum*，中文名为亚麻、胡麻，脂麻作为误用名处理；脂麻属于胡麻科（Pedaliaceae），学名为 *Sesamum indicum*，中文名为

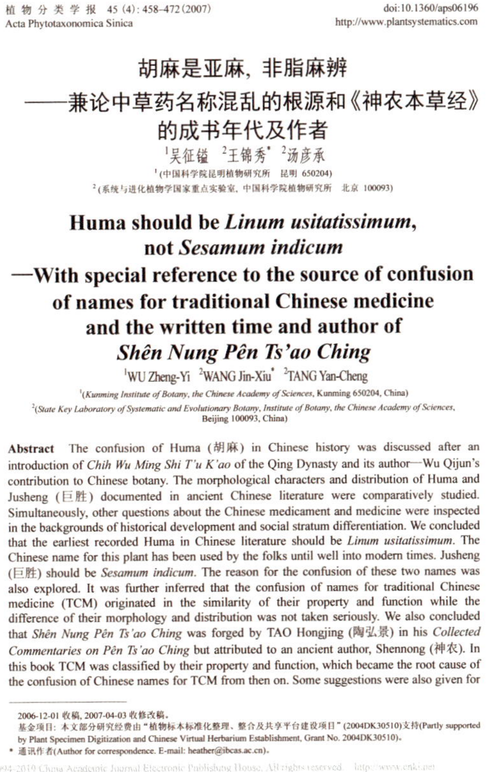

植 物 分 类 学 报 45（4）：458–472（2007）
Acta Phytotaxonomica Sinica

doi:10.1360/aps06196
http://www.plantsystematics.com

胡麻是亚麻，非脂麻辨
——兼论中草药名称混乱的根源和《神农本草经》
的成书年代及作者

[1]吴征镒 [2]王锦秀 [2]汤彦承
[1]（中国科学院昆明植物研究所 昆明 650204）
[2]（系统与进化植物学国家重点实验室，中国科学院植物研究所 北京 100093）

Huma should be *Linum usitatissimum*,
not *Sesamum indicum*
—With special reference to the source of confusion
of names for traditional Chinese medicine
and the written time and author of
Shên Nung Pên Ts'ao Ching

[1]WU Zheng-Yi [2]WANG Jin-Xiu [2]TANG Yan-Cheng
[1](Kunming Institute of Botany, the Chinese Academy of Sciences, Kunming 650204, China)
[2](State Key Laboratory of Systematic and Evolutionary Botany, Institute of Botany, the Chinese Academy of Sciences,
Beijing 100093, China)

Abstract The confusion of Huma (胡麻) in Chinese history was discussed after an introduction of *Chih Wu Ming Shi T'u K'ao* of the Qing Dynasty and its author—Wu Qijun's contribution to Chinese botany. The morphological characters and distribution of Huma and Jusheng (巨胜) documented in ancient Chinese literature were comparatively studied. Simultaneously, other questions about the Chinese medicament and medicine were inspected in the backgrounds of historical development and social stratum differentiation. We concluded that the earliest recorded Huma in Chinese literature should be *Linum usitatissimum*. The Chinese name for this plant has been used by the folks until well into modern times. Jusheng (巨胜) should be *Sesamum indicum*. The reason for the confusion of these two names was also explored. It was further inferred that the confusion of names for traditional Chinese medicine (TCM) originated in the similarity of their property and function while the difference of their morphology and distribution was not taken seriously. We also concluded that *Shên Nung Pên Ts'ao Ching* was forged by TAO Hongjing (陶弘景) in his *Collected Commentaries on Pên Ts'ao Ching* but attributed to an ancient author, Shennong (神农). In this book TCM was classified by their property and function, which became the root cause of the confusion of Chinese names for TCM from then on. Some suggestions were also given for

2006-12-01 收稿，2007-04-03 收修改稿。
基金项目：本文部分研究经费由"植物标本标准化整理、整合及共享平台建设项目"（2004DK30510）支持(Partly supported by Plant Specimen Digitization and Chinese Virtual Herbarium Establishment, Grant No. 2004DK30510)。
* 通讯作者(Author for correspondence. E-mail: heather@ibcas.ac.cn)。

图 4-5 2007 年，吴征镒等在《植物分类学报》上发表论文《胡麻是亚麻，非脂麻辨——兼论中草药名称混乱的根源和〈神农本草经〉的成书年代及作者》

脂麻，古籍本草称巨胜。鉴于"胡麻"久称"脂麻"，又与亚麻科的"山西胡麻"相混（《植物名实图考》中载有，"山西胡麻"明显是吴其濬或陆应谷为了避免与谷类第一的胡麻雷同，而在真正名为胡麻的植物上临时取的多余名），故废而不用。Pedaliaceae，中文名为胡麻科，其中含脂麻，建议改为脂麻科 ①，而"胡麻"则作为"亚麻"的民间用名处理，在"脂麻"下作为误用名处理。

新近的民族植物学调查到，古籍本草里，如《救荒本草》，称青蘘为脂麻幼苗。昆明周边地区居民食用的胡麻粑粑和脂麻粑粑所用的馅料分别是亚麻 *Linum usitatissimum* 和脂麻 *Sesamum indicum*，在昆明胡麻粑粑（也称官渡粑粑）久负盛名。可见，昆明人对胡麻（亚麻）和脂麻分得很清楚。

像亚麻、胡麻、脂麻这类常见的植物，有上千年的名称混淆历史。要把握中国药物植物（中药和草药）常用的大部分正确名称，绝非易事，更何况中草药种类达近万种之多。

2003 年，吴征镒又潜心于对清代吴其濬所著《植物名实图考》中植物的考据研究。吴征镒年事渐高，身体时有不适，1983 年不慎摔倒致左侧股骨颈粉碎性骨折，静卧养伤 8 个月，幸得痊愈，但从此拄杖而行。1988 年，吴征镒胆结石诱发急性胰腺炎，所幸仅是水肿型而不是坏死性，得昆明医学院第二附属医院外科医生蓝瑚精心治疗和家人细心侍病痊愈。2000 年，吴征镒做双目白内障手术，眼疾卧养中云诗五律一首："妻儿齐呵护，冀或创新猷。心是菩提树，身惊琉璃球。德言千载立，名利一时休。城乡今已接，归卧有山丘。"吴征镒在身体器官多有不灵而"主机"（心和肺）尚好的情况下，2004 年做完对《植物名实图考》38 卷 1700 余种植物的学名考订的笔记（图 4-6），由身边工作人员付印成《〈植物名实图考〉中的植物》（上下册）（图 4-7）。吴征镒进一步完善考据研究，希望《〈植物名实图考〉中的植物》早日成书，供后学者参考。吴征镒的这部文稿完整保存于云南吴征镒科学基

---

① 吴征镒等提出关于胡麻科中名改为脂麻科的建议，经查新出版的有关科属辞典中仍然用胡麻科。

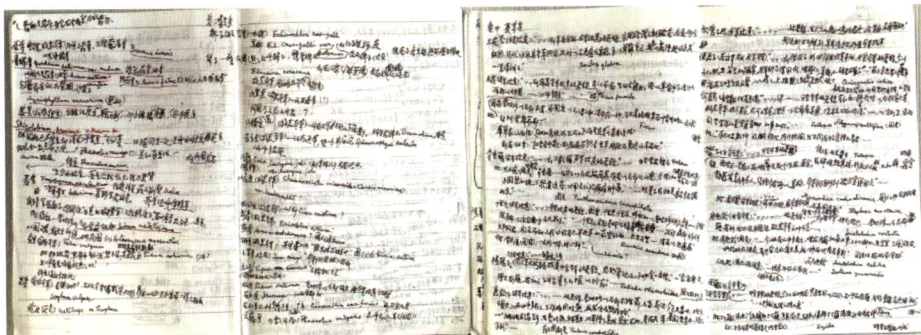

图 4-6　吴征镒的《植物名实图考》植物学名考据笔记

金会，相信会有机会公之于世。

　　将祖先留下来的本草科学文化知识称为"宝库"名副其实。每一种本草植物的正名工作路漫漫其修远兮，需要"不断代"地努力完成。为什么正名如此重要且必不可少呢？在现代生物科学急速发展的背景下，对物种种名的

正确确定非常关键，如果鉴定错误，会给该物种的化学成分研究、分子生物学研究、基因组学研究等带来诸多不确定因素，科学分析也会被导入误区。所以，生物科学工作者对物种鉴定正确性的关注越来越多，也给分类研究者提出更高的要求。说到这里，我们就更加明白本草植物正名工作的重要性了。

图 4-7　吴征镒的《〈植物名实图考〉中的植物》（上下册）整理本

不畏艰辛，为考察走遍祖国大地

越是深山穷谷越要去

2004 年 10 月，《中国植物志》举行新闻发布会，吴征镒说："我要为它热烈欢呼：中国植物学踏踏实实地走完了万里长征的第一步，总算完成了植物方面的基本数据。"吴征镒在总结撰著《中国植物志》的难处时讲道："从新中国成立以后，不知有多少采集人，行程上千万里，去寻找这些植物，流汗甚至流血。因为植物在原产地需要人去找，越是深山穷谷越要去。"吴征镒说："植物生在深山老林，不会走路，需要我们用访贫问苦的精神，越是深山穷谷越要去。"

为什么吴征镒如此看重野外考察呢？他认为一名植物分类学者要认识一个地区的植物区系，一定要深入实地采集标本并进行考察，获得第一手资料和感性认识，别无他法。从吴征镒 70 余年科研生涯中可发现，他到野外考察是"家常便饭"，伴随他的一生。他的亲身体会是当考察人员在野外走得筋疲力尽时，突然发现一个新物种，会欢欣鼓舞而忘记疲劳，享受新发现带来的喜悦，这种科研发现的喜悦，也只有亲临在大自然里才会体验得到。

自清华大学生物系毕业的当月，吴征镒领了留校当助教的工资，自费参加段绳武组织的西北科学考察团，赴塞外河套一带考察，连毕业典礼都没有参加。随后，国立西南联合大学南迁，他又参加湘黔滇旅行团，从长沙步行到昆明，一路上观察各省植物的不同，记录乡土物种的分布，采集小标本。到达昆明后，他又约地质学家熊秉信，雇了一匹马，走遍昆明周边，完成了昆明植物检索表。在昆明附近走一圈下来，他发现昆明一县的植物竟然比河北一省都多。接着，在业师李继侗、吴韫珍和张景钺的带领下，赴大理苍山、鸡足山和滇西瑞丽考察，他第一次看到亚热带常绿阔叶林和热带季雨林，大增阅历，撰写了《瑞丽植被初步研究》并详附植物名录。即便在抗战时期，只要有机会，他都会去野外进行植物考察。在野外，他"有眼识珠"，练就"边考察，边思考"的良好习惯。这样跑下来，他自觉身体也结实多了。加上他花了 10 年工夫整理秦仁昌、吴韫珍从欧洲抄录回来的各大标本馆模式标本的照片、资料，制成 3 万多张植物卡片，把中国植物的绝大多数铭记在心，为日后的科研奠下坚实基础。由此可以看出吴征镒做分类学研究总是筹划于心，做好事前、事中的功课，垫牢自己的知识基础，值得后学者学习借鉴。

新中国成立后，吴征镒的野外考察从未停息。华南热带植物资源考察、橡胶宜林地考察、中苏云南热带与亚热带植物资源考察、紫胶资源考察等，一次接着一次，一茬接着一茬，填补了我国野外考察中的许多空白。可以说，云南境内各州地，甚至中国大部分地区，都留下了他的足迹。

跌跤的收获

吴征镒是平足，走路时容易绊倒而跌跤。因而野外考察中，他经常会不慎跌倒，大家私下称他为"摔跤冠军"。吴征镒很乐观，跌倒了爬起来，哈哈一笑了之。1963 年，吴征镒领队赴滇东南的文山、西畴、广南、麻栗坡、富宁等地调查植物，采集标本，同行者有周俊、李恒、王守正等。在文山调查时，吴征镒不慎摔了一跤，坐在地上，同行者们迅速赶过来扶起他，他却坐在地上不断往四周看，发现了一种从腐叶土层里长出来的白色小植株，仔细观察后说，这是一株锡杖兰。吴征镒喜出望外，不顾满身泥土，小心翼翼地将这株锡杖兰采集制作成标本。吴征镒摔一跤发现一种新记录植物的故事从此传开了。

锡杖兰属（*Monotropa*）原属鹿蹄草科（Pyrolaceae），是一种多年生的腐生草本，全株无叶绿素，茎肉质，不分支，叶退化成鳞片状，互生，比

图 4-8　单花锡杖兰 *Monotropa uniflora*

较容易辨认。其广布于北温带，在中国也广布。该属有两个种：一是锡杖花，植株呈淡褐色，花序有一到多朵花；二是单花锡杖花，其植株呈白色，花序只有一朵花。吴征镒在文山发现的是单花锡杖兰 *Monotropa uniflora* （图 4-8），在文山的发现为中国新分布。现代分类学研究已将锡杖花属归入杜鹃花科（Ericaceae），改称为水晶兰属。

祁连山上六月雪

1982 年 6 月，吴征镒赴青海西宁参加中国科学院生物学部评议西北高原生物研究所活动，会后应新疆植物学会邀请讲学和进行植物区系考察。吴征镒决定从西宁翻越祁连山到甘肃的张掖，乘火车进新疆。祁连山脉位于青海东北部与甘肃西部边境，是国内重要山脉之一。吴征镒没有到过祁连山，特意选择这条路线。中国科学院植物研究所汤彦承先生参加此次评议会，也未到过祁连山，一来陪同吴征镒做一次祁连山考察，二来送吴师一程，汤彦承先生便约中国科学院西北高原生物研究所的周立华一道，几人乘坐一辆北京吉普车启程（图 4-9）。

吴征镒一直利用各种时机，去没有到过的地方考察，以增加阅历，遍查各地植被及其生长环境。大家都有看一看祁连山植被生态的愿望，于是就有这次不约而同之行了。一路行进中，从山下到山顶，大家留意观察植被垂直带分布的变化，比较熟悉祁连山自然植被的周立华给大家介绍情况，在几个植被分布节点位置上，大家还下车实地察看植物分布，采集标本，记录海拔高度等。

上午天气晴好，查看植物很有收获。不料时至中午快到山顶时，突然飞起鹅毛大雪，一时天色暗下来，公路上积雪有差不多10厘米厚，司机也小心驾驶。到了海拔3700多米的垭口时，雪下得更大，

图4-9　1982年6月，吴征镒、汤彦承风雪中在祁连山留影

大家在祁连山上亲睹难得一见的六月雪奇景。车上人员不得不在垭口哨房里稍作休息，等雪小一些再行进。等候两个多小时，雪下小了，他们才启程下山。吴征镒在车里讲述了他所看到的祁连山植被大概情况：山底地区有干旱荒漠植被，常见植物有沙漠蒿 *Artemisia desertorum*、柠条 *Caragana korshinskii* 等；山腰地段见一些针叶林树，如云杉、松树等，看到的带状分布不明显，可能是砍伐过多的缘故；山顶地区的高山草甸，本来可以好好看看，但被六月雪掩埋了，没有机会看到。虽无缘看到海拔5800多米的最高峰（团结峰），也无缘看到山下河谷、湖泊的水生植被，但在祁连山六月雪中所见的植物已令人记忆非常深刻。

五花草甸和新源果子沟

从青海到新疆后，在新疆植物学会专门组织的报告会上，吴征镒做了《南美三国植物区系概况及其与中国植物区系异同》的报告，并为新疆维吾尔自治区党委班子做有关开发利用植物资源的报告，吴征镒以云南为例，针对地处干旱、半干旱区域的新疆植物区系特殊性、种质资源的珍贵性，提出新疆开发利用植物资源的一些个人建议。

　　报告活动完毕后，新疆植物学会特请中国科学院新疆生物土壤沙漠研究所的沈观勉、张立运等陪同吴征镒赴伊利、天山、博斯腾湖、新源、巴音布鲁克草原等地考察。翻越天山冰达坂后常见高山五花草甸，新疆高山五花草甸一点儿也不逊色于云南的高山五花草甸，一派繁花似锦的景象。吴征镒见到五花草甸有点儿兴奋，仔细看每一种开花的植物并记下学名。他说："我们要仔细看看，它们与云南高山的五花草甸有什么区别。"边考察、边思索早已成为他的习惯了。那天来到五花草甸，已经下午5点多了，直到快晚上7点他还没有离开的意思。天色渐晚，距驻地还有一段距离。当其他同行的人都往回走了，他还是依依不舍。一直到天色确实渐晚了，他才最后离开五花草甸往回走。晚间，吴征镒整理记录，他的笔记写了10多页，所记录的他观察的植物有好几十种，常见的有乌头（*Aconitum*）、飞燕草（*Consolida*）、翠雀花（*Delphinium*）等。

　　来新疆前，吴征镒就听说过新源果子沟保存有原生苹果属（*Malus*）植物，这次来新疆真真实实看到了。吴征镒说："苹果是全世界重要的水果，这里保存着原生植物，是宝贵的基因资源，将来会派上大用场。这和云南的古茶树是一样的道理。"

　　走过两个冰达坂后，来到巴音布鲁克草原。吴征镒说："我大学毕业就去过北方荒漠草原，这次要看看此地草原与内蒙古的塞外草原有什么区别。"同去的人想到的多是草原美景，吴征镒想的是不同草原类型的区别，专家之见，站得高，看得远（图4-10）。

图4-10　1982年，吴征镒在新疆巴音布鲁克草原考察

贵州梵净山和湘西张家界

为弄清楚中国植物区系的演化实情，吴征镒总想找机会实地看看华中地区植物区系的过渡情况。1983年，虽已年逾花甲，但吴征镒还是决定要走一趟贵州梵净山、湖南的湘西。于是，吴征镒带上李恒、游承侠、张大成、杨刚，开启了此次前往贵州等地的考察。

梵净山保存着比较完整的常绿阔叶林，原生性强，具有比较鲜明的植被垂直带谱，是中国中亚热带典型的地带性植被。梵净山还保存着较多的第三纪、第四纪古老孑遗群落，生态系统比较完好，有重要科研价值。吴征镒特别注意观察梵净山山地常绿阔叶林与云南（如哀牢山）常绿阔叶林区系组成的差异，进一步了解南亚热带与中亚热带植被的异同，明确其过渡特性（图4-11）。

图4-11　1983年，吴征镒在贵州梵净山考察

湘西是此次去湖南考察的重点，中南林学院的祁承经教授陪同吴征镒考察。他们从吉首到永顺小溪，转到桑植天平山考察中生混交林，后往大庸（图4-12、图4-13）。考察之后，吴征镒一行应邀在张家界国家森林公园就森林生态系统、人工生态系统及张家界国家森林公园相互关系等问题做了报告，与大家互动交流。

在桑植深入八大公山自然保护区天平山原始森林核心区考察了3天，那时保护区条件较差，热情的林业科研人员要给吴征镒准备点特殊饭菜，吴征镒发现后说："不要搞特殊化，想当年我们年轻时考察，比你们这里生活苦得多。"在天平山考察期间，他们每天早上6点起床，8点出发进原

图 4-12　1983 年，吴征镒等在湘西进行植物考察，途中小憩

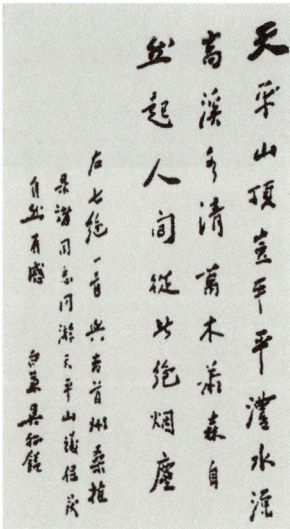

图 4-13　吴征镒院士1983年考察湖南省桑植县八大公山自然保护区时题词，现存八大公山自然保护区管理处

始林区。当见到珙桐、水青树、鹅掌楸、水青冈、白梓树、光皮桦树等群落时，吴征镒特别高兴，说："难得见到呀，这片原始森林你们保护得这么好，是地方政府和你们这帮年轻科技人员的功劳和贡献。"仅用3天时间，他们就采集标本1000多号，吴征镒都一一鉴定学名，给保护区留下一份宝贵的本底资料。吴征镒还给保护区的人员讲述这片具有古老性、珍稀性、残遗性，并极具特有特征的原始森林的意义和价值，说："你们湘西北这一片区及武陵山区，在植物区系分布上属于泛北极植物区系中的华中植物区系，属中国－日本森林植物亚区的核心部分，是我国第三纪植物区系的重要保存地

区。这个原始森林区具有极高的科研价值和全球性重要意义。可以说世界森林植被的生态群落精华在中国，中国的精华在武陵山，武陵山的精华在天平山。"

无论是梵净山，还是天平山，山路之崎岖，条件之艰苦，都是大家熟知的。可即便这样，对年逾花甲的吴征镒来说，都不算什么，只要能弄清楚植物区系的演化，只要考察终有收获，再苦再累就都值得。

组织 3 次区系节点的重大考察

吴征镒在注重全国面上考察的同时，十分关注一些重要的区系节点地区和空白或薄弱地区。他主持国家自然科学基金委员会重大项目"中国种子植物区系研究"时，部署对 3 个重要区系节点和空白或薄弱地区进行考察，这3 个地区就是属于重要区系节点的独龙江流域、西藏雅鲁藏布江大拐弯处的墨脱和跨越西藏高原面地区，直达西藏西端的普兰。年逾六旬的李恒研究员率队在独龙江地区进行长达 8 个多月的越冬植物考察，走遍独龙江的 6 个行政村落，采集标本 7000 余号、植物材料（种子等）400 余份，弄清了独龙江地区植物区系的全貌。孙航、周浙昆、俞宏渊翻越多雄拉雪山垭口（海拔4200 米），进入墨脱县境，9 个多月走遍了墨脱 9 个乡镇和一些大大小小不起眼的山村，采集标本 7000 余号、3 万余份。李德铢、孙航等完成了跨越西藏高原面直至普兰的高原面考察。

吴征镒给植物考察定下"越是深山穷谷越要去"的规矩，他自己则是其自觉的笃行践履者，从东北长白山（三上）（图 4-14）、内蒙古草原荒漠和河套地区、甘肃兴隆山、新疆南北天山（二赴）到湖北神农架、湖南湘西、浙江天目山和千岛湖、福建武夷山、贵州梵净山、四川九寨沟和黄龙、西藏雪域高原（二进）（图 4-15），全国山川，无不留有他的足迹。最后到中国宝岛台湾，从台北、基隆、台东直至台南海滨，见到鹅銮鼻，于 1998 年，吴征镒 82 岁时才结束国内考察。

图4-14　1983年，吴征镒与王伏雄院士（左一）同登东北长白山

图4-15　1976年，西藏考察途中吴征镒与武素功（左一）在中尼边境樟木口岸留影

走向世界，融入国际大家庭

新中国成立不久，吴征镒有机会赴印度参加南亚栽培植物之起源及分布学术讨论会，借机参观印度各地，考察了甘蔗、黄麻、杧果等热带、亚热带种植基地，参观了综合农林业的娑罗树（*Shorea robusta*）更新研究、室内大规模的檀香发酵生香研究等，会见印度著名植物学家Puri，并从Puri处了解到印度地植物学研究的现状。

古巴是中国在拉美的同盟，1962年吴征镒率队访问古巴，重点考察热带植物，走遍古巴全境，参观了美国设在古巴南岸的阿诺德树木园热带分园。他们看到棕榈科酒椰子（*Raphia*）、芸香科香果（*Casimiroa*）、木棉科猴子面包树（*Adansonia*）和轻木（*Ochroma*）、含羞草科象耳豆（*Enterolobium*）并采集到种子，分送西双版纳、华南和海南种植，如今早已长成郁郁葱葱的大树。

1964年，吴征镒率队访问越南和柬埔寨，在越南重点考察中国南部与越南北部植物区系的相似性和分异，实地察看以胡桃科喙核桃（*Annamocarya*）、五加科马蹄参（*Diplopanax*）为标志的原始林段。在柬埔寨所见热带原始林甚少，见到了稀树干草原中的龙脑香林和吉里隆的热带松林。柬埔寨植被的热带性较越南强一些，更有印度热带色彩，实睹具有清热润肺、利咽开音、润肠通便功能的胖大海（*Sterculia lychnophora*）和具有化湿行气、温中止呕、开胃消食功能的白豆蔻（*Amomum kravanh*）大树。

1974年，吴征镒在中国科学院秦力生秘书长带领下，访问菲律宾，专访国际水稻研究所和碧瑶的蚕桑研究所，考察菲律宾以椰子为主的海南综合农业。对越南、柬埔寨和菲律宾的考察，使吴征镒对我国与东南亚、南亚植物区系的联系与分异有了深入了解，掌握了一些区系起源、演化的宝贵信息。

1979—1996年，吴征镒有机会到除了非洲大陆以外的各大洲诸国做了不止一次的考察、访问和讲学交流。数次访美，东起纽约，西达夏威夷，历经全境。北起加拿大，南抵阿根廷，他注意到亚洲与美洲植物区系的联系与分异，这些有助于他把握世界植物区系的大背景。在考察期间，吴征镒在哈佛大学标本馆和密苏里植物园标本室专心查阅标本，一是查阅留存美国的中国模式标本；二是查阅北美洲馆藏标本，进一步了解中国–北美植物区系的联系与分异及植物的太平洋洲际间断分布的状况，以加深对洲际间断分布意义的理解。

吴征镒曾四访英伦（图4-16），两进法国、德国和瑞典，查阅欧洲各大著名标本馆的馆藏标本。此外，1995年吴征镒还重访俄罗斯的科马洛夫植物研究所，见到阔别40多年的老朋友，并对欧亚大陆上的水青冈属（*Fagus*）和栎属（*Quercus*）落叶阔叶林群落有较为深刻的印象（图4-17）。

赴南美洲考察时，从北到南经委内瑞拉和巴西，到阿根廷，吴征镒对三国在南半球的植被分布和区系组成有了基本的感受，同时亲睹亚马孙河流域热带雨林的丰富和壮观，只是无机会直达南美洲大陆的最南端，稍有遗憾，但已在阿根廷登上安第斯山尾端。

澳大利亚之行，吴征镒实睹澳大利亚本土区系的特殊性，尽管亚、澳

图4-16　1981年5月，吴征镒率团赴英国考察自然保护区（左三为吴征镒，左一为李文华，左四为许再富）

分居南北半球，但植物区系的联系是显而易见的。

吴征镒连续参加第十三届（澳大利亚悉尼）、第十四届（德国柏林）和第十五届（日本横滨）国际植物学大会，深化了与世界植物学家的友谊，扩大了学识眼界。吴征镒被美国植物学会选聘为终身外籍会员，任瑞典植物地理学会名誉会员、世界自然保护协会（ISCN）理事和俄罗斯植物学会通信会员，也让世界了解中国植物科学研究的情况。

世界各国的广泛考察和交流，使得吴征镒能纵观全球植被和植物区系的大体类型及其分布，实地感触和感受给他留下较为深刻的印象，有助于他融入植物学界的国际大家庭，在世界背景下认识和审视中国植物区系的起源、演化和发展问题。

1999年，吴征镒83岁，赴日本接受COSMOS大奖以后，结束了国外考察活动。

图4-17　1995年，40多年后吴征镒与Kirpichnikov教授相会于圣彼得堡科马洛夫植物研究所标本馆

安、专、迷、呆的学者

凡跟吴征镒有过接触的科研人员，都会发现吴征镒做起科研工作来，就好像进入"两耳不闻窗外事"的状态，既专心致志又认真严谨，故而大家就用"安、专、迷、呆"来形容他做科研时的状态。

中国科学院成立不久，立即进行各学部研究所的组建。1950 年 11 月，院部把组建中国科学院植物分类研究所提上日程，成立静生生物调查所整理委员会，吴征镒任副主任（钱崇澍任主任），负责办理静生生物调查所与原北平研究院植物学研究所等合并及组建植物分类研究所事宜。植物分类研究所成立时，钱崇澍任所长，吴征镒任副所长。合并之初，彼此难免有些门户之见，钱崇澍和吴征镒做了不少化解工作，逐步取得共识，植物分类研究所进入正轨。1951 年，林镕、张肇骞被任命为植物分类研究所副所长。1953 年，其更名为中国科学院植物研究所。

其间，国家开展大规模的大区综合考察，以弄清我国自然资源本底，同时决定自力更生建设天然橡胶种植基地。吴征镒连续多年参与组织并领导华南、云南热带生物资源考察和橡胶宜林地考察。考察中遇到许多需要鉴定的植物，有些植物也是吴征镒初次见到，考察回来后繁重的标本鉴定任务不可懈怠。吴征镒身为副所长，需要参加所里研究各种所务工作的会议并发表意见。会议间隙有 15 分钟左右的休息时间，吴征镒立马走进附近的标本室看标本，能鉴定的就鉴定，他把能借到的文献都放在标本室里，方便马上查阅。吴征镒一进标本室，就全神贯注研究标本。听到外面"老吴开会了"的喊声，他才走出标本室，继续参加所里会议。时间长了，大家都知道吴征镒的习惯。吴征镒这样争分夺秒地工作，他却说自己是"忙中偷闲"地把考察中采集的各类标本尽早鉴定出来，供大家总结时参考。

调到昆明后，吴征镒的办公室与标本室设在同一层，而且临近所里常用的会议室。这样的安排，或许是尊重吴征镒的工作习惯吧。会间休息时，他照样走进标本室，一直延续到他居家办公时才停止。算起来，吴征镒这样的工作习惯有半个多世纪了。

除争分夺秒外，吴征镒做起科研来也总是一副全神贯注的状态，专注到着迷的程度，有时想问题会出现发呆的状态（图 4-18）。此时身旁的人也深知他的习惯，无十分必要就不去打扰。吴征镒工作起来往往会忘记下班，甚至忘记吃饭，经常需要有人提醒他。有时身边无人提醒，家里人等他回来吃饭或等他下班，许久不见人影，立刻想到他又忘记该回家吃饭或该下班回家，就得劳女儿或夫人到办公室喊他，这时吴征镒看看手表，是该回家了。吴征镒身边的工作人员，也尊重吴征镒的工作习惯，不急于立刻提醒他，而是稍过一会儿再提醒他。所以，大家说他是"安、专、迷、呆"比较符合实际。其实吴征镒做起科研来，自觉怡然自若。

吴征镒年逾古稀之时，腿脚有疾需扶杖而行。他的家与办公室都在一楼，两门相对，虽然方便上班，但显然他的活动量不足。夫人段金玉建议他每天饭后做做洗碗筷的事，目的是增加活动机会。夫人的好意吴征镒乐于接受，于是吴征镒开始承担起每天餐后的洗刷任务。吴老边洗碗边自哼自唱，有时哼京剧，有时唱昆曲，亦劳亦乐，心情畅快。吴征镒也不是一天到晚坐着不动，饭后要在家里客厅和各室走上百步，坐累了也起来走动走动，不出室外也能运动，自寻放松。每天的饭后百步，对于古稀之年的长者来说，运动量也很合适。从古稀之年到耄耋之年坚持不懈，吴老活到97岁高龄是必然的了。

吴征镒认为做科学研究必须经历3个境界：一是立志立题，确立科研思路；二是殚精竭虑，百折不挠；三是上下求索，终有所得。做科研的境界也是他创新之路的最好体现。

图 4-18　1977 年，吴征镒在昆明植物园鉴定来自南美洲的 Oxalis（酢浆草）

协同篇

　　《中国植物志》基本摸清了中国植物资源的家底，是我国保护生物多样性、生态环境，以及科学利用植物资源最重要的依据之一。《中国植物志》全书共 80 卷 126 册，记载了我国 301 科 3408 属 31 142 种植物的科学名称、形态特征、生态环境、地理分布、经济用途和物候期等。该书经过全国 80 余家科研院校的 312 位作者和 164 位绘图人员 45 年的艰辛编撰才得以最终完成。在吴征镒担任主编期间，出版了其中的 54 卷 82 册，为《中国植物志》的编写做出了重要贡献。同时他还担任《中国植物志》英文增订版 *Flora of China* 的中方主编，与外国专家一道完成这一国际巨著的撰写工作。在这些著作研究编撰的过程中，编者在大方向上取得一致，而不同科、属专论中，仍保留各位学者各自的学术观点，使得他们能够发挥各家之长。在编撰过程中，吴征镒与几代科学家一起坚定编志决心、加强协同攻关、坚持全球视野、增进国际合作，为推动中国植物学的科技进步和扩大国际影响力贡献智慧。

中国学者为植物命名的历史渊源

中国人认识植物的历史悠久，距今约 5000 年的炎黄时期便有教民耕种、畜牧与辨认药用植物的传说和记载。先秦时期的《山海经》记载了数十种有效药用植物；《诗经》里记载的植物有 130 余种〔台湾潘富俊的《诗经植物图鉴》（2018 年）记载 138 种〕；周代的《尔雅》将植物分为草、木两类；晋代嵇含的《南方草木状》列举的我国南方热带、亚热带植物有 80 多种，分属草、木、果、竹 4 类；明代李时珍的《本草纲目》记载植物药 1094 种，分为草、谷、菜、果、木 5 类，草、木两类又有细分（草分为山草、芳草、湿草、毒草等，木分为乔木、灌木等）；清代吴其濬的《植物名实图考》记载植物 1714 种，堪称中国最早的地方性植物志。所以我们有理由相信中国是世界上认识植物最早的国家之一。

1753 年，瑞典科学家卡尔·林奈发表《植物种志》，标志着近代植物分类学达到成熟阶段。此时，中国处在闭关自守的封建社会里，对植物的认识处于人为分类系统阶段。鸦片战争爆发后，中国逐渐沦为半殖民地半封建社会，在各种不平等条约的庇护下，身份各异的众多外国人开始在中国进行植物调查和采集，猎取大量的中国植物标本。西藏、台湾和西南、华南、西北成为采集的重点地区。初步统计，在中国采集 2000 种以上植物的外国采集者多达 20 人[①]，大量植物标本被送往欧美各大标本馆和博物馆。西方学者对中国植物进行研究和定名，发表新种。那时，中国的植物分类学家寥寥无几，加之当时清朝政府衰败、社会落伍、科学落后，从而造成中国植物多由西方人命名的局面。

---

① 王印政，覃海宁，傅德志.中国植物志：第一卷 [M].北京：科学出版社，2004：659-692.

　　辛亥革命后，随着我国植物分类学研究队伍的成长和壮大，中国学者开始对本土植物进行采集调查。钟观光（1869—1940年）是我国第一位用近代科学方法采集高等植物的先贤。在中国采集 2000 种以上植物的学者有秦仁昌、蒋英、蔡希陶、刘慎谔、俞德浚、王启无、冯国楣[①]，这 7 位中国植物采集家都有在云南的采集经历，可见云南是大家共同关注的地区。同时，一批留学归国的有志之士，引进西方先进科学知识，立志发展中国植物科学研究。

　　1916 年，钱崇澍发表了《宾夕法尼亚毛茛两个亚洲近缘种》，这是中国人用拉丁文为植物命名和分类的第一篇文献；1927 年，钱崇澍发表的论文《安徽黄山植被区系的初步研究》是中国植物生态学和地植物学的最早著作之一。曾两度留学美国的胡先骕先生提出并发表中国植物分类学家首次创立的"被子植物分类的一个多元系统"和被子植物亲缘关系系统图；1948 年，胡先骕与郑万钧发表《水杉新科及生存之水杉新种》，"活化石"水杉被誉为"二十世纪最重要的植物学发现"。此外，胡先骕在教育上倡导"科学救国、学以致用；独立创建、不仰外人"的教育思想，并与钱崇澍、邹秉文合编我国第一部中文《高等植物学》。

　　这一时期，中国植物学工作者有了自己的学术组织。1915 年中国科学社诞生，1928 年北平静生生物调查所成立，1933 年中国植物学会问世，使得中国植物学的发展进入了一个崭新的时期。在这期间，胡先骕、钱崇澍、陈焕镛、秦仁昌、汤佩松、戴芳澜、李继侗、林镕、俞德浚、陈封怀等前辈，为中国人研究自己国家的植物，有志气，有毅力，也历尽艰辛，为中国植物科学事业的创新发展做出引领性和先驱性贡献。

　　新中国成立后，在老一辈植物学家的带领下，吴征镒参加并领导了多次区域性的资源考察，从祖国北疆到边陲云南，从青藏高原到东海之滨，走遍了大江南北，采集了大量标本，开展植物系统分类研究，他定名和参与定名的植物新分类群有 1766 个，所发表的新种、新属均被国际权威的

---

　　① 王印政，覃海宁，傅德志 . 中国植物志：第一卷［M］. 北京：科学出版社，2004：692-703.

Index Kewensis 所收录，是中国命名植物最多的一位，截至 2006 年，被国内外植物学文章累积引用达 11 767 次。当然，吴征镒仅是改变中国植物由外国人命名历史的中国植物学家之一。正是有了一代又一代植物学家心系祖国，不畏艰难险阻，勇于开拓创新，中国植物学家才真正成为研究中国植物的主人。

依靠"传帮带"，练就编志人员基本功

世界各国都在编撰自己国家的植物志，这是弄清国家植物家底必须做的基础工作。中国到底有多少植物，它们分布在哪些地方，一直是中国植物学家要回答的问题，也是中国植物学家为之不懈努力要完成的任务。

吴征镒说："1958 年'大跃进'，把我'跃进'到云南去了。"① 其实是他自愿提出到云南的请求，得到中国科学院领导的首肯。因为云南是植物王国，植物学家应该去揭开植物王国的神秘面纱。于是他和蔡希陶一道，筚路蓝缕，以启山林，担起建设中国科学院昆明植物研究所的责任，开启扎根边疆、献身科学的征程。

1959 年 4 月，经国家科委批准，正式成立中国科学院昆明植物研究所。建在植物王国里的昆明植物研究所的头等大事是弄清云南植物家底，要参加编研《中国植物志》，初期还面临国家各项自然资源考察任务，加之昆明植物研究所科研人才实力不足，吴征镒和蔡希陶面临着三重压力。

吴征镒在多年研究实践中，深深感到无论是植物资源的开发利用还是植物多样性的保育，前提是要过植物的"区系关"，所谓过"区系关"就是要完成植物志。为什么要这么讲？如果对自己国家或某一地区的植物家底不清楚，那么资源开发就会出现乱开乱采的无序局面，不仅资源利用无法取得如期的效果，反而还会造成资源浪费和环境破坏。

要编好植物志，垫牢科技人员的植物分类学基础知识是当务之急。面对当时昆明植物研究所大学生不足的情况，吴征镒等提出支持所里高中生就读各类业余函授大学，增加多条途径，最大限度地激发学生们学习植物分类

---

① 樊洪业. 吴征镒先生访谈录 [J]. 院史资料与研究，1992（3）：1-13.

学基础知识的内在积极性。鼓励老的带年轻的、会的带不会的、有经验的带没经验的。冯国楣、李锡文、宣淑洁、黄蜀琼、黄咏琴、周铉、陈介、李延辉、杨兴华、包成章、翟萍、木全章、卢仁道等属于"传帮带"中老的、会的和有经验的同志，他们帮助新来的大学生和高中生尽快熟悉采集标本、认识植物。从北京分配来昆明的大学生宣淑洁，每天早上 5 点就起来给所里的高中生补习英语，让大家尽早过英语关，这一幕幕的学习场景成为每名编志人员的难忘回忆。

那时在云南考察的有来自北京植物研究所的多位植物分类专家，王文采就是其中常来云南的一位，此外还有来自广州中山大学生物系的老师和学生。云南的考察本身就是全国大协作。昆明植物研究所的年轻人跟随他们考察学习，自然也学习到许多采集标本和认识植物的本领。

20 世纪 50 年代，昆明植物研究所的科技人员手里最常见的 3 本学习资料是侯宽昭的《中国种子植物科属词典》，昆明植物研究所自己编的西双版纳、大理苍山和丽江玉龙雪山的植物名录，以及丁广奇的《植物种名释》。这 3 本学习资料成为编志的基础性学习资料。这一时期，昆明植物研究所形成"传帮带"的学习热潮，也显现出"任务带学科"的成效。

当时除了学习任务，还有很多的考察工作，每次考察归来，吴征镒都要求大家不要因为忙就不去整理采集的标本，要尽可能参与标本的整理、登记和定名工作，只有这样才能及时巩固野外考察得到的感性知识，如果此时松劲儿，就可能前功尽弃。这样连续几年下来，大多数人的采集技能和认识植物水平有明显提高。

分类研究室的科研人员是编写植物志的主力，吴征镒让李锡文、宣淑洁以唇形科为例，先行试做文稿，并由他来审阅修改、补充完善，讲明撰文必须遵守的格式和要求，形成范例供大家参考借鉴。标本室管理人员愿意参加编志者，给予鼓励支持，其他研究室人员有愿意参加编志的亦然。标本室的尹文清、陶德定、包仕英和植物园的陈宗莲都参加了有关科属的编志工作。

吴征镒总把一些基础性的工作放在首位，不惜花时间和精力来增加年轻人和热衷编志人员的知识储备，调动所有编志人员的学习热情，他在编志之前所花的精力和所做的工作，对后期漫长的编志工作大有裨益。他对基础知识的严格要求和身先士卒的"传帮带"的工作热情让昆明植物研究所的科研人员看在眼里，记在心中。

齐心编志书，摸清云南植物家底

云南的高山峡谷、原始森林，孕育了占全球和全国相当一部分数量的珍稀植物。云南被誉为"植物王国"，但人们对云南究竟有多少种植物、各类植物资源开发利用情况及潜力等都没有过系统的研究。1958 年，吴征镒来到云南，对云南的植物进行系统的研究一直是吴征镒下定决心要做的一件大事。在完成云南的研究人员培训，开始编撰《中国植物志》后，在对云南等地自然资源进行考察的基础上，对云南植物的系统研究从 1973 年正式开始了，这一年吴征镒等老一辈科学家即着手启动《云南植物志》的编撰工作（图 5-1）。

启动编志工作后，李锡文作为吴征镒的助手，负责组织科研人员开始编撰《云南植物志》第 1 卷，确定编 28个科，先编样本，边学边撰。第 1 卷在 1977年出版，紧接着，1979年、1983 年、1986 年，

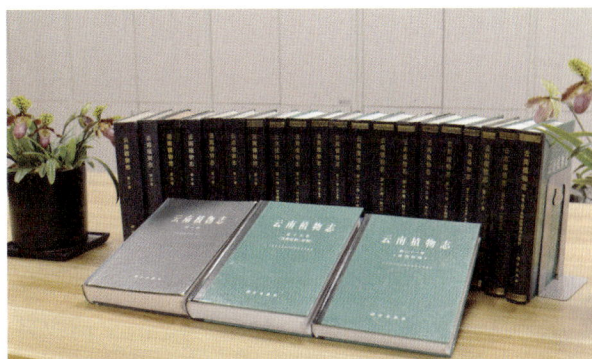

图 5-1　吴征镒主编的《云南植物志》共 21 卷

第 2 至第 4 卷也相应出版。陈介和陈书坤在编志过程中，组织队伍，落实任务，实践编志，十分投入，也是吴征镒编撰《云南植物志》的得力助手。

除了昆明植物研究所的科研人员外，《云南植物志》编撰的协作单位主要是云南省各高校及农林类研究院所。云南大学和西南林业大学从始至终都是密不可分的合作伙伴。云南大学生物系孙必兴教授（禾本科）、朱维明教

授（蕨类）、黄素华教授（杜鹃花科、越橘科、桔梗科等 13 科），西南林业大学徐永椿教授（壳斗科）、薛纪如教授（禾本科竹类），按各自擅长的科属承担相应的编志任务。吴征镒特意请各位教授来昆明植物研究所标本馆整理、鉴定相关科属的标本，有问题及时沟通商议，求得一致看法。各位教授提交的文稿吴征镒都会过目审阅，提出意见，商量修改。在教学任务繁忙的情况下，他们能按进度要求做完各自承担的编志任务，实在难得。多年来合作很顺畅，也与吴征镒成为挚友。

这些通力协作的科学工作者在《云南植物志》编撰出版过程中起到重大作用。与《中国植物志》等专著相比，《云南植物志》在禾本科、蕨类植物、大戟科、菊科、蔷薇科等编研方面有较大进步。而这其中凝聚了植物学家们的点点心血。在编写禾本科植物时，孙必兴教授多次到边疆地区补点采集标本，最终使禾本科增补了 1 个新属、5 个新分布属和 25 个中国新分布种。李德铢在编撰竹亚科植物时，与多位国内专家学者共同研究整理，最后确定滇产竹子为 188 种，纠正了《中国植物志》中的一些错误。蕨类植物卷柏科是国内外公认的难度较大的科，朱维明教授在认真阅读了亚洲、欧洲及国内该科的原始和新近文献资料，并补点采集标本，最后较准确地确定卷柏科滇产 1 属 53 种，首次清楚地确认了滇产卷柏科的种类，比《中国植物志》记载的仅 40 种云南产卷柏科增加了 13 种[1]。

从 1993 年起，编撰《云南植物志》的工作得到云南省自然科学基金和中国科学院生命科学与生物技术局联合资助，成立《云南植物志》项目领导小组，从此，编志工作得到持续稳定的支持，并进入快车道。

2005 年，《云南植物志》全套 21 卷全部出版。其中，种子植物 16 卷，记载滇产及习见栽培植物 433 科 3008 属 16 201 种（除原亚、原变种外，尚有 1701 亚、变种）；蕨类植物 2 卷（第 20 至第 21 卷），记载蕨类植物 60 科 193 属 1266 种 35 变种 8 变形；苔藓植物 3 卷（第 17 至第 19 卷），记载苔藓植物 101 科 417 属 1638 种。2009 年又编辑出版《云南植物志》植

---

① 参见《昆明日报》上的《打开植物宝库之门》。

物种名索引 1 卷，记载中名（含别名）约 40 000 条、拉丁名（含异名）约 50 000 条、经济植物 5903 种约 6000 条。

在完成《云南植物志》时，吴征镒特别说道："我虽做主编，但许多工作是由诸多同行和同事们来完成的。我虽在第 1 至第 5 卷做了些主要工作，而作为副主编的陈介和李锡文，还有宣淑洁、周铉、黄蜀琼、方瑞征等功在其前，陈书坤副主编坚持到最后，终将其成，功不可没。各位编委、作者，还有绘图工作者，不辞辛劳，甘于清平寂寞，不辱使命，完成各卷册组织、编写、审稿、定稿任务，虽然有的可能已退休，处在老年多病之中，但都为《云南植物志》的大功告成而倍感欣慰。我向他们深深鞠躬致谢！原云南省科委主任张敖罗教授，是非常关心《云南植物志》的志士，我也要向他深深致谢！"

编撰《云南植物志》历时 32 年，云南种子植物占全国的 52%，这是中国体量最大的地方植物志。吴征镒说："对于植物科学研究和合理开发利用植物资源而言，区系关基本'过关'只是万里长征走了第一步。"在基本摸清云南植物家底后，要选择一些关键地区密切结合生物多样性保育和生态环境可持续发展做深入的研究，充分利用中国西南野生生物种质资源库的研究平台，在研究创新和促进社会经济发展两方面都有所贡献。

可以看出，吴征镒主持编撰《云南植物志》从来不是单枪匹马地工作，也没有采取独善其身的办法，而是与各位同事、同行密切合作，群策群力，把编志这件事做好做完。

任主编 17 年，完成一件国家大事

　　我国疆土辽阔，自然条件复杂，孕育着极其丰富多彩的植物种类，为全世界所瞩目。早在 18—19 世纪，许多外国人就不断地到我国来考察和采集植物。但所采集的标本被全部带走，保藏在各自国家的标本馆中。他们依据这些标本发表了大量的新科、新属、新种。但标本和文献资料分散于世界各地，给中国植物学家研究中国植物带来了很大的困难。

　　20 世纪初，我国老一辈植物学家就开始在国内外搜集标本资料，研究中国植物。留学欧美的钱崇澍、胡先骕、陈焕镛、秦仁昌、刘慎谔、林镕、俞德浚等陆续回国开始采集标本、筹措经费、组建机构、出版期刊书志，为编撰我们国家自己的植物志做准备。1934 年，胡先骕等学者首次提出编撰《中国植物志》的设想。但受当时种种条件限制，这一愿望直到新中国成立后才得以实现。

　　1959 年 5 月，钱崇澍、胡先骕等 26 位植物学家联名在《科学报》上倡议编写《中国植物志》。同年 10 月成立《中国植物志》编辑委员会，并于 1959 年 11 月 11—14 日在北京召开首次编委会会议，标志着《中国植物志》的编研工作正式启动。

　　1959—1976 年出版了 4 卷册，改革开放后，编研工作加快了步伐。经过 80 年艰辛探索、40 余年曲折编撰，终于在 2004 年完成了 80 卷 126 册《中国植物志》的编撰任务。《中国植物志》5000 多万字，记载中国 301 科 3408 属 31 142 种植物，附有 9000 多幅图，每种植物载有科学名称、形态特征、生态环境、地理分布、经济用途和物候期等。全国有 146 个科研机构和高等院校的 4 代植物学家 312 人、绘图人员 164 人加入《中国植物志》的编研，采集和查阅植物标本 1700 余万份，发表新属 243 个，发现新种 14 312 个，

提出了若干植物类群的
新分类系统（图 5-2）。

《中国植物志》是
一部总结中国维管束植
物系统分类的巨著，在
目前世界各国出版的植
物志中体量最大、记载
植物种类最多。《中国植
物志》作为了解中国野

图 5-2　《中国植物志》（共 80 卷 126 册）

生植物生存状态和中国植物多样性保护现状的重要窗口，是植物学工作者及
其相关专业工作者的重要参考资料。《中国植物志》是记载中国植物"身份"
的"户口簿"、记录植物特征和分布的"信息库"，学界公认其最全面、最准
确、最权威，在农、林、生态环境和应对全球气候变化等诸方面有重要参考
价值，意义至深至远，为国家的可持续发展奠定了坚实基础。编研《中国植
物志》的 45 年历程中，中国植物标本的采集和保藏达到了世界领先水平，馆
藏标本从 100 余万号增加到 1700 余万号，培养了大批植物分类学专业人才，
植物分类专业队伍的水平得到稳定提高，为进一步研究中国系统与进化植物
学奠定了坚实基础。《中国植物志》的问世，为东亚乃至世界的植物物种多样
性研究做出巨大贡献，对促进中国植物学国际合作及学术交流意义重大。

吴征镒自 1959 年担任编委，1973 年担任副主编，至 1987 年开始接任
主编。在任《中国植物志》主编时，他十分重视面向全国的合作网建设，包
括专业的植物研究机构和高等院校植物学专业，也包括林业科研部门。靠大
协作完成《中国植物志》的成功经验，也是我们国家优越的社会主义制度可
以集中力量办大事的成功实践。

吴征镒接任主编后重点抓紧 4 个方面的工作：

其一，1991 年，他与曾呈奎院士（《中国孢子植物志》主编）及朱弘
复教授（《中国动物志》主编）联合在《科学家论坛》发表文章《采取切实
措施，解脱"三志"困境》，得到科技部和国家自然科学基金委员会的高度

重视。"三志"团结一致，摆脱"困境"，赢得新机。在科技部、国家自然科学基金委员会和中国科学院持续而稳定的支持下，《中国植物志》编撰工作步入持续而稳定的发展时期。

其二，《中国植物志》编委会办公室一直设在中国科学院植物研究所，由专职副主编主持日常工作。吴征镒任主编后，十分重视编委会办公室工作，充分发挥办公室组织协调的枢纽作用，崔鸿宾、戴伦凯、夏振岱3位主将，做了许多深入细致的组织协调工作，把编撰计划的制订、实施和落实检查融为一体，是完成编志必不可少的保障。吴征镒任主编的17年里，中国科学院植物研究所两任专职副主编崔鸿宾和陈心启非常尊重主编。崔鸿宾任副主编长达21年之久，1994年陈心启在崔鸿宾逝世后接任副主编，吴征镒对两位副主编信任有加，丝毫没有因京昆两地暌隔而影响工作，两位副主编协调各编志单位，落实编委会决定的工作，烦琐辛劳，吴征镒亦十分尊重副主编的职责，两位副主编也心知肚明。陈心启任职期间，正逢落实《中国植物志》第1卷编撰出版之时，第1卷是对《中国植物志》全志的总结，十分重要，涉及各方面的问题较多，陈心启积极配合主编，排除干扰，颇费心力，顺利完成第1卷的出版，为编撰《中国植物志》画上圆满句号。

其三，编委会针对一些大科（属）、难科（属）和空白科（属）的实际情况，支持崔鸿宾副主编的提议，组成3个专题研究组，即竹子研究组、蕨类研究组和水生植物研究组，分别落实攻坚任务，取得如期成效。编撰竹类和蕨类时都出现过领衔主持专家辞世的情况，导致"群龙无首"，更需要组织新的协作，特别要注重发挥年轻专家的活力。3个专题研究组的设立，使工作取得预期成效。吴征镒组织紫堇属（*Corydalis*）编撰工作，调集全国标本，亲自整理、鉴定并审阅修改文稿，终于把紫堇属这块"硬骨头"啃了下来，该卷于1999年得以出版问世。薛纪如、易同培、李德铢等也相继解决了禾本科竹亚科的编志难题，按时完成竹亚科编研任务。

其四，吴征镒一方面采用"同产地模式"（Topotype）方法应对当时欧美国家封锁模式标本的局面；另一方面利用与国际同行学术交流机会，亲赴欧美各大标本馆查阅中国模式标本，以解决由于历史原因，中国模式标本多藏于欧美各大标本馆而无法及时查用的问题。1990 年，吴征镒赴美国哈佛大学标本馆工作两个多月，1992 年又与李德铢一道赴英国、法国、瑞士、奥地利查阅模式标本，为编志提供模式标本支撑。

吴征镒从《中国植物志》编撰启动时任编委，到 1973 年任副主编，1987 年任主编，倾注精力，投身编志，继各位前主编之后完成了《中国植物志》2/3 以上卷册的编研任务，尽到主编职责，做出应有贡献。吴征镒是中国 4 代编志植物学家中的一员，也是目睹"四代同堂"而最后能见其成的一员。

为总结自 1959 年以来启动编撰《中国植物志》的经验，1997 年 11 月编委会决定召开中国植物志编研总结会（图 5-3），中国科学院生物学部副主任佟凤勤、国家自然科学基金委员会生物学部副主任朱大保亲临指导，编委会办公室的全体成员、在京编委及中国科学院植物研究所科研处副处长高岚出席会议。吴征镒主持会议，大家集思广益发表意见，畅谈亲身体会，气氛甚佳，为全面完成编志任务发挥了鼓劲加油的作用。

图 5-3　1997 年 11 月，在北京举行中国植物志编研总结会（第一排左一为胡立国、左四为佟凤勤、左五为吴征镒、左六为朱大保、左七为陈艺林、左八为陈心启；第二排左一为夏振岱，左四为高岚、左五为戴伦凯；第三排左四为陈家瑞、左五为吉占和）

2004 年 10 月，在《中国植物志》新闻发布会上，吴征镒说："我要为它热烈欢呼，中国植物学界终于站起来了，走完了踏踏实实的万里长征的第一步。总算完成了植物方面的基本数据，它是我所记住的中国科学院的三大任务之一。像唐僧取经一样，经过九九八十一难，其中最大的难处有 4 个。

第一，编志工作 40 多年，统一了思想认识，整齐了步调。在一定的、不断改进的规格下完成对 3 万多种植物的描写，让使用者方便，各级分类单位都有检索表，但可惜科级没有。在种级的描述中必须列出已知的最早文献记载；定名人可以用规范的缩写等。在诸多不统一中，取得了大体的统一。

第二，400 多年来，300 多位外国植物采集者，将中国各地的标准样品（模式标本）采集走，并收藏在世界各大国的标本室里，而我们自己从近 90 年才有收藏。我们除了尽可能地到欧美各大标本馆或博物馆抄录中国模式标本外，主要依靠模式照片和原样产地标本来解决问题，即模式标本（Origin type Specimen）。

第三，要从 500 年以来浩如烟海的多种文字文献中考证这些植物的合格和合法的科学名称，犹如'顶着石臼做戏，吃力不讨好'。

第四，新中国成立以后，不知有多少采集人，行上千万里，去'访贫问苦'，寻找这些植物，其间流汗甚至流血，因为植物在原产地，需要人去找，越是深山穷谷，越是名山大川，越要去。

这些困难，不单是写《中国植物志》的人会遇到，对于写《中国动物志》《孢子植物志》的人更是难上加难。"

吴征镒还说："我自己的经验是几句老话，'书到用时方恨少'（这里的'书'是广义的，包括图书、标本和科研用具），'事非经过不知难'（这里的'事'的含义更广）。"

吴征镒认为，唯一的工作方法就是"书山有路勤为径，学海无涯苦作舟"，然而"黄连树下弹琴，苦中有乐"，如释重负，便是极乐世界。

吴征镒所说的第一个难处，即花了 40 多年时间，各位编志者"统一了思想认识，整齐了步调"，最后"在诸多不统一中，取得了大体的统一"。统一思想，整齐步调是过程，而"在诸多不统一中，取得大体的统一"是结果，每个物种的编写规则都是在这样的过程中不断完善的，使得全书有一个准则可循。编志者是来自科研院所、高等学校和农林部门的植物科技工作者，层次不齐、水平不均、意见各异，统一起来就不可能一蹴而就，必然要用时间来磨合。主持编撰的领头人更需要用智慧来统一认识，同时，这体现了各位参编者的智慧，也体现了主编与各位参编者的合作协同精神。《中国植物志》的编撰实际上是与中国植物学家在自己的国土上采集植物的历史相伴而生、结伴而行的，因而，保障了编志工作的最终完成，这条中国式的经验，弥足珍贵。

吴征镒是终见《中国植物志》集成的在世老人，亲历 45 年的艰辛，他深感如今功德圆满的欣慰，莫大幸矣。2009 年，《中国植物志》荣获国家自然科学奖一等奖，众望所归，乃全体编研人员的荣光。4 代中国植物学家付出坚持不懈的努力，终成正果。

中美合作编撰 *Flora of China*

1979 年 4—5 月，中国植物学代表团访问美国，汤佩松任团长，吴征镒任副团长。访问密苏里植物园时，吴征镒初识 Peter H. Raven。1980 年 8 月，Peter H. Raven 夫妇访问昆明植物研究所，参观标本馆和植物园，吴征镒如数家珍地介绍他们在植物园里所见到的各种植物，还陪同 Peter H. Raven 到具有喀斯特奇观的石林考察。随后他们又同赴四川峨眉山考察，吴征镒从山下到山上一路介绍在峨眉山上所见的植物及其分布情况，Peter H. Raven 对吴征镒如此熟识云南、四川的植物留下深刻印象，初感"植物电脑"的魅力。

1982 年 9 月，吴征镒应邀赴美国参加东亚 – 北美植物区系学术讨论会，同行者有徐仁、侯学煜，再晤 Peter H. Raven，还会见加利福尼亚大学地质学家 Axelrod。吴征镒做"太平洋洲际间断分布的重要性"（On The Significance of Pacific Intercontinental Discontinuty）报告（1983 年发表于 *Ann Missouri Bot Gard*）。徐仁以丰富的中国研究材料为基础做题为"中国晚白垩世和新生代植被与北美洲关系"（Late Cretaceous and Cenozoic Vegetation in China, Emphasizing their Connections with North America）的报告。Peter H. Raven 对中国植物学家在植物区系地理结合古植物学方面的研究成就十分赞许。一次次的学术交流和切磋让吴征镒和 Peter H.Raven 之间的友谊深厚起来。

经过多次沟通交流和商议研究后，中美植物学家取得共识，决定合作编撰《中国植物志》英文增订版 *Flora of China*，而此时，吴征镒任主编的《中国植物志》还尚未全部完成，应该说中美合作编撰是具有前瞻性的明智决策。

1988 年，吴征镒代表中国科学院与 Peter H. Raven 在美国圣路易斯密苏里植物园签订中美合作编撰出版 *Flora of China* 的协议，中方出席人员有苏凤林（中国科学院国际合作局副局长）、崔鸿宾、戴伦凯、陈心启、夏振岱、陈家瑞、顾红雅等，同时召开第一次 *Flora of China* 编委会议，吴征镒任中方主编，Peter H. Raven 任美方主编。作为项目秘书的顾红雅教授回忆道："我觉得吴老是有大智慧的人。因为是国际合作项目，不仅涉及中美，而且涉及全世界好多国家，譬如日本、英国、瑞典等国，凡是国际上在植物的某个科、某个类群做得好的科学家，项目组都想拉进来一起合作。那么大的合作面，那么多的人，每个人都有自己的个性，每个人对自己的学术观点都有一定的坚持，所以要把它协调好、处理好，其实是一件非常不容易的事，这方面吴征镒做了很大贡献，当然 Peter H. Raven 也是这方面的天才，他在协调各种关系的时候，也表现出大智慧"（图 5-4、图 5-5）。

在编撰 *Flora of China* 过程中，紫堇属不仅是个大属，也是个难属。《中国植物志》里该属的编撰者为吴征镒、庄璇和苏志云。该属原分组 38 个、种 288 个，现分组 45 个、种 357 个，属下分组和种都有较大变化。选好紫堇属的作者是保证编撰任务顺利完成的重要前提，*Flora of China* 编委会结合《中国植物志》的编撰情况，以及国内和国际长期对该属开展研究的科学家情况，最终决定由中方的张明理、苏志云和瑞典的 Magnus Liden 共同完成。其中，Magnus Liden 是瑞典乌普萨拉大学生物系教授、哥德堡植物园科研主任。主要从事中国（喜马拉雅）、伊朗、北欧、蒙古及地中海等地区特色植物的分类学研究，以紫堇属植物分类研究见长。张

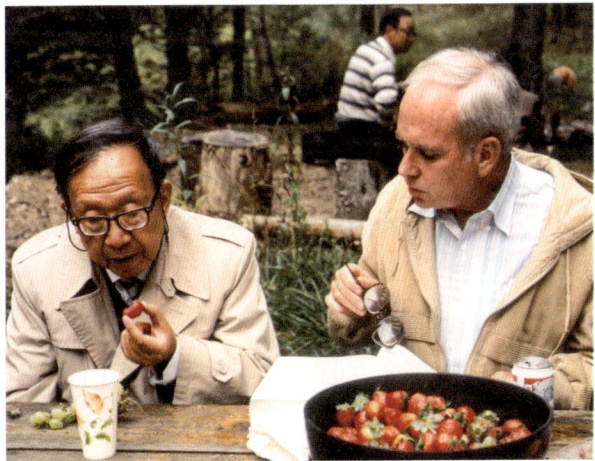

图 5-4　1988 年，吴征镒访问密苏里植物园，与 Peter H. Raven 一起品尝草莓

图 5-5　2006 年，顾红雅与吴征镒一起讨论学术问题

明理曾师从吴征镒做博士后研究两年，苏志云是《中国植物志》紫堇属的作者之一。因此，编委会决定由他们 3 位来完成 Flora of China 紫堇属的编撰。

作为一位植物分类学家，吴征镒对罂粟科紫堇属倾注了大量心血，这是他的"看家类群"之一。紫堇属特有分布中心在我国横断山区，属于分类十分复杂的类群。说它分类复杂，是因为其形态特征复杂多变，分种标准不易掌握，分种需经细致的形态观察，要想"入门"紫堇属分类不是很容易的。吴征镒和苏志云、庄旋在完成《中国植物志》第 32 卷时对该属分类系统、演化亲缘关系进行了系统的研究，并在国内外一些大标本馆中进行紫堇属的鉴定、定名等活动。可以说，没有对紫堇属系统的分类研究和仔细观察，是做不到正确鉴定和定名的。

张明理、苏志云和 Magnus Liden 两次在昆明向吴征镒汇报 Flora of China 紫堇属的编撰设想和计划，详细讨论了在把握全球紫堇属标本、文献信息的背景下紫堇属分类系统的构建框架，重点讨论研究了属下各组系统设置和所属各种归属的问题，有调整，有新建，有刚发现的新种。此时，吴征镒耳目有疾，体质渐差，但头脑清醒，思维活动不减，他认真听取 3 位作者的意见，经过反复磋商和交换意见，最后取得基本一致的意见。

吴征镒与 Peter H. Raven 共同主持编撰 Flora of China 是吴征镒主持《中国植物志》编撰的再实践，其中遇到的问题远比编撰《中国植物志》复杂得多，参加编著的外国学者都是世界上的知名专家，在物种的划分和确认上，有时不可避免大家有不一致看法。大到全卷的编撰方针，小到一些属种的修订，吴征镒总能把握住编志的大方向，遵循大协作的原则，与 Peter H. Raven 一道，主持完成 Flora of China 编撰任务。

Flora of China 编撰项目启动以来，中美双方一共签署过 3 次合作协议，这 3 次协议分别于 1988 年、2001 年和 2006 年签署，保障了全书的顺利完成（图 5-6）。

Flora of China 是中美合作重大项目，得到中美双方科技部门的大

图 5-6　2006 年 7 月，中美双方代表第 3 次签订合作编撰出版 *Flora of China* 协议

力支持。2005 年，中方编委会制定 *Flora of China* 重大修订项目申请指南，将未出版卷册中 45 个 100 种以上的大属列为需要进行重大修订的类群，鼓励年轻分

图 5-7　1994 年 7 月，举行 *Flora of China* 首发式（右二为吴征镒、右三为 Peter H. Raven、右四为周光召）

类学家参与修订工作，有 37 位青年学者获得资助，并完成修订任务，这个过程促进了青年植物学家的成长。1994 年，*Flora of China* 首卷出版，举行首发式，中国科学院院长周光召、前院长卢嘉锡，国家自然科学基金委员会主任张存浩等出席（图 5-7）。

2013 年 9 月 23—25 日，在北京举行中国植物多样性与保护国际研讨会——庆祝 *Flora of China* 圆满完成（International Symposium of Plant Diversity and Conservation in China—— Celebrating the Completion of the *Flora of China*），宣告历时 25 年，在中外植物学家通力合作之下，包括文字

卷和植物图卷各 25 卷的 *Flora of China* 全部出版。*Flora of China* 并非单纯翻译《中国植物志》，而是中外专家共同增补修订的《中国植物志》英文增订版，这是中国植物科学迈向世界的重要一步。此时，吴征镒辞世 3 个月，没能亲睹此盛况。但他为 *Flora of China* 所付出的毕生精力和所取得的成果会永远篆刻在世界植物科技发展历史之中（图 5-8）。

图 5-8　*Flora of China* 文字卷和植物图卷（各 25 卷）

互学互帮、协同实践——青藏高原综合考察

　　1972 年，中国科学院提出青藏高原综合科学考察规划 ①，次年成立中国科学院青藏高原综合科学考察队，孙鸿烈任队长。

　　青藏高原综合科学考察几乎涉及从天到地的所有自然科学学科，对青藏高原地区许多地带性的分布规律，如植物、动物、植被、森林、土壤、大气环流等，需要弄清楚，以求系统、全面地了解青藏高原的自然环境。1973 年开始组队时，时任青藏高原综合科学考察队队长的孙鸿烈 ② 希望多一些有名望的科学家参加综合科学考察工作，有益于提高考察的科学性和综合性。他特别希望吴征镒能参加考察，因为吴征镒素有"植物电脑"之誉，能较快地弄清青藏高原植物区系，对土壤、植被、森林、动物、地质地貌等学科会有较大帮助。当听到邀请他参加青藏高原综合科学考察的信息时，吴征镒欣然答应。

　　青藏高原光照和地热资源充足，冻土广布，植被多为天然草原。青藏高原是中华民族的源头地之一和中华文明的发祥地之一。在华夏文明史上流传的伏羲、炎帝、烈山氏、共工氏、四岳氏、金田氏和夏禹等都是高原古羌人。青藏高原上的居民以藏族为主，形成了以藏族文化为主的高原文化体系。

　　从地史看，青藏高原是南北方冈瓦纳古陆和劳亚古陆汇合碰撞的产物，两大古陆植物区系在此交汇，由此大大丰富了我国西南、华南和东南的植物

---

　　① 1972 年，中国科学院提出青藏高原综合科学考察规划，计划开展青藏高原综合科学考察，包括地质地貌、大气环境、生物、冰川、古生物等多学科考察。

　　② 孙鸿烈，1932 年生，河南濮阳人，土壤地理与土地资源学家，中国科学院院士、第三世界科学院院士，中国科学院地理科学与资源研究所研究员、博士生导师。

区系和植被，使得长江以南广大亚热带常绿阔叶林得以形成，还使得现在地中海区系植物在东亚的植物区系中留有一些蛛丝马迹。喜马拉雅山脉作为南北植物区系分界、汇合与植物的分化中心，是研究世界植物连续分布和间断分布的理想地区，所以吴征镒说"全世界的植物学家，眼睛都盯着这里"。

1975 年，吴征镒首次进藏考察，5 月启程，随行的有陈书坤（中国科学院昆明植物研究所）、杜庆（中国科学院西北高原生物研究所）等。他们走的是青藏线，从格尔木进藏，主要考察喜马拉雅山北坡的植被和青藏高原面的植物区系，包括森林、灌丛、草甸、草原和高山荒漠等。这次考察西边到萨嘎，南边到日喀则、聂拉木和吉隆，历时 3 个多月。

1976 年 6 月，吴征镒二次进藏，随行者有臧穆、杨崇仁、管开云等。他们这次从昆明出发，走滇藏线进藏，横穿金沙江、澜沧江、怒江大峡谷，目睹横断山脉地区植被垂直带分布，仔细考察了金沙江、澜沧江、怒江三江分水岭植被垂直带的分异和区系成分组成。在西藏高原面上，雅鲁藏布江沿岸的河谷柏树林和大片原生云杉林蔚为壮观。这次进藏新增了他们对青藏高原植物区系多样性的感性认识，尤其是对横断山区与青藏高原植物区系之间的差异和联系的认识更为深刻。历经三江并流地区，他们认真记录了各河谷区的干热、干暖和干冷河谷的植被特殊性、多样性和差异性，在脑海中留下了对它们的递变和分异的直观感受。

吴征镒两次进藏考察，一路乘车翻越雪山、林地和草场，观其植被变化，但只能看其景观。为了进一步观察喜马拉雅山脉南坡和东南坡的植物区系和植被变化，吴征镒总要下车入林，采集标本，记录所见物种。实地考察采集，让他对青藏高原植物区系有了比较全面的感性认识。

第二次从西藏归来，中国科学院安排武素功陪同吴征镒去青岛疗养一个月，他们却携带一大箱有关西藏的材料和标本去疗养院。果然，一个月下来，吴征镒和武素功编成《西藏植物名录》等重要资料。在此后的 3 年中，吴征镒与同事们一起，整理近 8 万号西藏植物标本，完成《西藏植物志》5 卷。《西藏植物志》系统记载西藏植物种类、分布和用途，吴征镒发表了论文《论西藏植物区系的起源、发展和演化》，在 1983 年的青藏高原国际学术讨论会上宣读，证明青藏高原的隆起为古老的区系成分提供了避难所的同时，也促进了新物种的分化和产生，而且也为今后深入研究西藏植物及植物资源开发利用提供宝贵的科学资料。

2016 年，在吴征镒百年诞辰纪念会上，孙鸿烈院士说："我有两点深刻的体会，一点是吴先生的科学精神，他参加青藏考察时已经 60 岁高龄，但是每到一个地方，吴先生都跟我们一起跋山涉水，一起采标本，晚上和我们一起压标本，这种精神非常值得学习。另外使我感触很深的一点是吴先生的谦逊作风。我们在野外的时候，我是搞土壤的，经常和搞生物的在一起，吴先生经常问我们搞土壤的，其实我们都是他的学生辈，他会问我们土壤的性状、起源、发生的问题，对于地质方面的问题，他也经常请教地质方面的同志，这种谦虚的精神使我印象非常深。所以一个是科学精神，一个是谦逊作风，是始终值得我们学习的。我跟吴老接触以后，觉得能做他的学生是很荣幸的，能有机会向他学习请教，我们会永远铭记吴先生的卓越贡献。"

李文华院士[①]是"老青藏"了，他与吴老在西藏一道考察，对吴老素有"植物电脑"之誉、可以随口说出所见到植物的拉丁语学名早有所闻。多年后，回顾与吴老在西藏考察的经历，李文华说："每采得一个标本，吴老总是当场口述拉丁学名，学生记录，所以，那一阶段的工作最为准确和权威。"

李文华回顾道："从山谷到山顶，不过三十几公里路，沿途所经历的植物世界，却如同从赤道到北极。站在高高的山巅，吴老满脸喜色，指点着眼前这植物区系垂直分布的活标本，说：'植物群落的垂直分布规律和地球上植被的水平相对应分布规律是这样吻合，我们站在这儿，好像有一个望远镜，再套一个放大镜，把整个世界的热带、亚热带、温带、寒带的植物，全部拉到你眼前来了。'"（图 5-9、图 5-10）

青藏高原对中国来说极其重要，珠穆朗玛峰岩面高达 8844.43 米，是我

---

① 李文华（1932—2022 年），山东广饶人。生态学和森林学家，中国工程院院士，国际欧亚科学院院士，中国科学院地理科学与资源研究所研究员，中国人民大学环境学院名誉院长。

图 5-9　1975 年，吴征镒赴西藏考察时与李文华的森林组一起行动（后排右二为李文华、右四为吴征镒、右五为陈书坤）

图 5-10　2008 年，孙鸿烈、李文华、郑度、姚檀栋四位院士看望吴征镒院士（后排左起为武素功、姚檀栋院士、孙鸿烈院士、李文华院士、郑度院士，前排左起为杨永平、段金玉、吴征镒）

国的重要水源地，也是边防的重要屏障，更是自然资源的富藏地。对青藏高原全面而深入的科学考察，犹如大规模的本底调查，使国家对青藏高原有了可靠的科学了解，为建设民富区强的新西藏奠定了科学基础。尽管青藏科考的工作漫长而艰辛，但对于能参与如此重要的综合科考，吴征镒感到既幸运又荣幸。

跨领域合作共促植物学发展

登门磋商古植物

1990年，吴征镒发起并组织的"中国种子植物区系研究"被国家自然科学基金委员会列入国家重大基础研究项目。其中，第二子课题"古生代晚期，特别是新生代植物区系的发展和演化"的研究，特请中国科学院植物研究所古植物研究室的陶君蓉和中国科学院南京地质古生物研究所的郭双兴来主持。该子课题涉及的古植物学问题，昆明植物研究所尚无基础，要靠协作开展研究。1994年，吴征镒特赴南京，邀请南京地质古生物研究所的李星学院士、周志炎院士及南京大学的自然地理学家任美锷院士等专家参加座谈研讨会，征询有关古生代晚期，特别是新生代植物区系的发展和演化研究的问题，提出现代植物区系研究需要得到古植物学方面的证据支持，并共同研究有关合作事宜。吴征镒建议重点研究东亚地区的区系起源和演化问题。经过研讨，李星学院士、周志炎院士、郭双兴研究员等愿意支持古植物和现代植物相结合的研究，并帮助培养吴征镒的博士研究生周浙昆，以增强其古植物方面的知识技能，取得合作研究的共识。

2015年，周志炎院士回忆："以前植物界与古植物界专家相互联系不是很密切，因为古植物放在地学部，植物学放在生物学部，体制上有些差异。1994年，吴老来南京与李星学院士商谈怎样进行东亚植物区系的研究，吴老主动与我们联系，开了一个研讨会，理论性地探讨了植物区系及植物的迁徙、物种的分化问题。在吴老的指导之下，我们把研究重点放在了水杉、银杏等中国特有物种的起源问题上，与东亚植物区系联系起来。我觉得吴老对学术方面很有眼光，是世界的大人物，他的见解跟一般人是不一样的。"

现代植物区系的起源、演化研究少不了来自古植物方面的证据支持，吴征镒主动寻求与地质古生物专家的合作，开创了跨学部的合作，是件相得益彰的好事。吴征镒在"中国种子植物区系研究"项目中，对中国白垩纪至新生代植物区系的发展、演化进行深入研究，项目首次发现白垩纪早期被子植物化石群。从植物系统发育和地理分布相统一的角度，提出被子植物起源地时间早于白垩纪，可能是在侏罗纪甚至三叠纪的学术观点。

古植物研究的难点之一就是相关植物化石标本的发现，客观上这是件可遇不可求的事，需要持之以恒的研究，甚至要几代人才能完成，可谓千秋大业。

发现辽宁古果

1996年，孙革[①]随南京地质古生物研究所的周志炎院士一道来昆明商谈联合申报国家自然科学基金委员会重点项目"东亚植物区系中主要特征成分和重要类群的形成和发展"的合作事宜，就此认识吴征镒院士。次年春，80岁高龄的吴征镒亲自率领吕春朝、武素功、周浙昆、李德铢等到南京地质古生物研究所参加项目申报评审会，吴征镒坐镇指导，评审会开得很成功，申报也比较顺利，项目如愿立项实施（图5–11）。这也开启了昆明植物研究所和南京地质古生物研究所的合作。

那时孙革带领课题组在辽宁西部发现了奇特的早期被子植物化石，吴征镒闻信后很感兴趣，孙革专门请吴征镒到南京看化石标本，吴征镒聚精会神地在显微镜下看后，对孙革和周浙昆说："化石肯定是被子植物，也是一个新属种，有关其科级归属等可以再研究。"

---

① 孙革（1943—），辽宁沈阳人，博士、教授。毕业于长春地质学院。曾任中国科学院南京地质古生物研究所副所长，现任沈阳师范大学教授、沈阳师范大学古生物研究所所长、辽宁古生物博物馆馆长，兼任吉林大学教授。任国际古植物学会执行委员，中国古生物学会古植物学分会理事长，《世界地质》（*Global Geology*）杂志主编，美国植物学会通讯会员。

图 5-11　1997 年 3 月，吴征镒出席国家自然科学基金委员会在南京召开的项目申报评审会（前排左起为朱大保、周志炎、李星学、吴征镒、冯瑞、郭令智、路安民、马福成；第二排左起为孙革、吕春朝，右二为武素功；第三排右二为李德铢、右四为周浙昆）

随后，由孙革和周浙昆等命名的"辽宁古果"研究成果于 1998 年 11 月在 *Science* 上发表，轰动国际学术界。吴征镒多次与孙革交谈，说早年在国立西南联合大学时，他就对地质古生物感兴趣，对古植物化石，特别是早期被子植物的化石十分青睐。2011 年，孙革的专著《辽西早期被子植物及伴生植物群》出版，吴征镒写下评语："辽宁古果的发现和这部专著的出版为中国人解决植物学界的重大理论问题做了重要贡献。"

孙革虽与吴征镒属不同学科的研究者，但相互学习、相互支持的协调合作十分融洽。孙革在吴征镒院士辞世一周年纪念中说："每当回忆起吴征镒先生对科学事业的不懈追求和对我本人的热诚指导与关心的往事，心中一直怀着深深的感激之情，并终生难以忘怀。"

育人篇

"一年之计，莫如种谷；十年之计，莫如树木"（见隋·佚名《贾思勰引谚论种谷树木》）。而育人的终身大计，莫如树人。真正的科学家，既做科技创新的开拓者，又做提携后学的领路人，吴征镒用坚定行动走出他甘为人梯、奖掖后学的育人之路。在获得2007年度国家最高科学技术奖后，吴征镒说："我的工作是大家齐心协力做的，我只能尽有生之力，把后学的同志能带多少带多少。"他对青年科技工作者提出殷切希望——"年轻的科学工作者，一定要在比我们还要艰难的路上去攀登，我愿意提供肩膀做垫脚石"。

业师育我，我教学生

　　如果说，父母是孩子的第一位老师，那么吴征镒就是从跟随他的母亲学习为人和识字开始的。后来开始了求学之路，从私塾的黄老师，到中学遇到的两位带领他更深入学习植物学的唐老师，都是他学习之路的引路人。而对他影响最深的，是他在清华大学求学幸遇的吴韫珍、李继侗两位业师。诸师不仅教他对植物学的探索和钻研方法，也让他在为师之路上有了更多的思考和传承。

　　1937 年，吴征镒从清华大学毕业后留校任教，这一年，"七七事变"后不久，北平和天津沦陷。同年 8 月，北京大学、清华大学和南开大学陆续南迁，并在长沙成立国立长沙临时大学。由于长沙连遭日机轰炸，1938 年 2 月，三校在昆明联合组建国立西南联合大学。吴征镒跟随湘黔滇旅行团徒步入滇，这也是他第一次踏足云南这片土地。

　　来到云南后，吴征镒在国立西南联合大学生物系任助教，助力李继侗、吴韫珍两位老师教学。尽管当时战火不断，继续求学非常艰难，但吴征镒的老师李继侗一直希望他能有机会继续深造。1940 年，吴征镒任助教 3 年期满，李继侗认为吴征镒还应深入进行对植物形态学基础方面的研究，并建议他投考北京大学张景钺教授的研究生。同年，吴征镒和王伏雄一道考取张景钺的研究生，专攻植物形态学研究。王伏雄做裸子植物胚胎学研究，吴征镒则做杜鹃花花部维管束结构研究。这两个方面均为当时形态学研究的前沿。

　　但可惜的是，入学不久，日本飞机不断轰炸昆明，国立西南联合大学新校舍南院两三幢土墙洋铁皮盖顶的实验室均被炸毁，所幸标本室并未中弹，得以保存。当时，国立西南联合大学的师生们经常要跑警报，学习、生活都无法安定。为了更好地完成学业和科研工作，吴征镒和王伏雄被疏

图 6-1　吴征镒的业师吴韫珍教授
（1899—1942 年）

散到昆明郊区大普吉的清华农科所，在那里他们一边做硕士论文，一边听戴芳澜的真菌课。

抗战后方昆明的民众生活日益困难，吴征镒的老师吴韫珍只身留在昆明，除繁重的教学任务外，还有新接受的教育部中国医药研究所考据《滇南本草》的任务，加之当时物资匮乏、生活贫困，他的胃病复发、愈加严重，只得在云南大学附属医院进行手术。尽管手术十分成功，但因战乱时期缺医少药，手术后未能及时用上青霉素等消炎药物，不仅病未能愈，还继发了腹膜炎，内外伤崩裂，于 1942 年 6 月英年早逝，享年仅 43 岁（图 6-1）。

吴征镒一直在协助吴韫珍先生的植物分类学教学工作，同时参加业师主导的《植物名实图考》中云南植物的考证工作，还参与经利彬主持的中国医药研究所委托的《滇南本草图谱》考证工作。先生辞世，业师的一切任务不得不由吴征镒来承担。生活日益艰难，吴征镒还要到云南大学和五华私立中学兼课。时局之艰难，可想而知。

自吴征镒进清华大学生物系学习，初识业师吴韫珍先生，至业师英年早逝，共 8 年时光，其中前 4 年在北京的清华大学，后 4 年在昆明的国立西南联合大学。吴征镒饱受业师教学思想熏陶，教学上，吴韫珍先生重视以本地乡土植物为教材，结合最新的前沿知识，讲解给学生听。

其一，教授植物分类学，吴韫珍十分重视以本地乡土植物为教材，结合最新的前沿知识，包括当时最先进的分类系统（哈钦松系统 Hutchinson、柏施系统 Bessey）和最新的分类学术语，向学生讲解。学生看着新鲜乡土植物的形态特征，对应着分类学的新术语，理解先进分类系统的价值和意义。这全然是植物分类学与中国本土植物相结合的具体实践。

其二，吴韫珍主张做植物分类学研究，不以搜求新种为目标，而是将前人发现的种类加以考订和整理，目的在于建立系统研究的基础，以推动植物分类学在中国扎根。无论是在野外考察实习，还是在教室里的课堂上讲述，业师都模范实践这一思想，让学生牢记，在心中生根发芽，开花结果。新思想的教育胜于新知识的教育。

其三，无论教学还是撰写论文，吴韫珍都倡导"三严"学风（严格、严肃、严密）。吴征镒的毕业论文《河北和察哈尔莎草科苔草亚科的植物分类研究》就是严格按业师的"三严"要求，从苔草属植物囊果和颖果的精确对比入手，用比例尺打好格子逐一画出 50 多种苔草的囊果和颖果图来。先做优势种类，渐及其他种类，把莎草科苔草亚科苔草属在河北和察哈尔两省分布的种类鉴定清楚，完成业师交给的毕业论文。"三严"学风让吴征镒受用一生。

植物分类学有师传源流的传统，继承师之教又传授给学生已成惯例。从对植物分类学研究的宗旨、目的、理解到方法和操作技术等的把握，吴征镒将业师的教诲融汇在心，笃行于实践。

在清华大学求学时，九级生物系的学生只有 10 多人，教师加教辅人员近 20 人，师多生少，教学质量显然很高。1949 年新中国成立，中国科学院植物研究所建立后，特别是 1958 年吴征镒调往云南任昆明植物研究所所长后，国家经济在恢复，资源考察任务繁重，需要植物分类人才的数量剧增。而初建的研究所，研究员级的人不足 5 人，新来的大学生也就 10 来人，而普通高中生有几十人。怎么能既完成国家任务又加速人才培养呢？身为所长的吴征镒采取"任务带学科"的办法，一方面，动员员工积极参加各项考察任务，鼓励老的带年轻的、会的帮不会的；另一方面，鼓励年轻人业余时间抓紧补基础知识，特别是鼓励无大学学历的高中生上业余函授大学或夜校，以及时补上必要的基础知识。研究所学习热潮高涨。吴征镒要求在采集标本时，不忘认准植物名称（中名和学名），记住形态特征，回来后的整理标本工作更要认真对待，不能马虎，这样才能有效巩固白天采集时获得的感性认识。这样坚持数年，到 1965 年，一支由年轻人组成的分类学科研队伍初步形成。注重基础知识于后续成长十分有益，吴征镒育才有亲身体验。

为了提高植物分类研究的能力，吴征镒亲自带领研究生，分门别类地示范整理鉴定植物标本。他先按标本产地和采集人序号排序，了解植物随地理分布所发生的形态变异情况，进而了解已有文献中鉴定人对学名认定的意见，参考历史鉴定，综合判定植物学名的可靠性。此方法既易行又有效，学生受益匪浅。

吴征镒十分注重学生的野外实习考察，1986年吴征镒开始招收"文革"后的第一批博士研究生。1988年，已72岁的他，腿有伤疾，扶杖而行，仍带着李德铢、李建强、唐亚、朱华等"86级""87级"的博士研究生赴滇南、滇西考察，途中给学生讲述自己早年考察的故事，分析考察地区植物分布、植被类型和区系特点，也谈及学生各自将要完成的博士论文问题，问及学生对完成毕业论文的想法、有哪些困难等。考察中学生意外发现吴征镒还带着一本《十月》杂志，憩间还与学生们谈及当时流行的电影，甚至明星，有时也会与学生们交流一些社会问题和对日常生活方面的看法。吴征镒乐于与学生们交流，学生们更喜于近距离地与老师无拘无束地交流，诚然是一种怡悦的享受（图6-2）。

图6-2　吴征镒带领博士研究生在西双版纳实习考察（左起为李建强、李德铢、吴征镒、唐亚、朱华）

言传身教，为师之责

苏联教育家乌申斯基曾说："教师的人格对年轻心灵的影响，是任何教科书、任何道德箴言、任何奖励和处罚都不能替代的一种教育力量。"吴征镒除了是一位科学家，在工作中，还是一位深受学生爱戴的好老师。作为教师，吴征镒深知其一言一行会直接影响着学生，在他教学尤其是做科研任务的过程中，始终坚持言传和身教相统一。他对待工作和生活的积极乐观、健康向上的人生态度，渗透在对学生的指导和交往中，不断传递给他的学生。正是吴征镒的言传身教，让他的学生们更深切地感受到老师的人格魅力和治学之道。

诚朴笃学的年轻人——税玉民

税玉民（1966—），陕西临潼人，2000 年获博士学位，2011 年任研究员（图 6-3）。吴征镒与税玉民大约在 1994 年相识，认识的地点在昆明植物研究所的标本馆。那时，税玉民在云南大学黄素华教授指导下，以云南秋海棠科资料为基础，做云南秋海棠科的分类研究并以此获得硕士学位。他来昆明植物研究所标本馆查阅秋海棠科标本，以扩大对该科

图 6-3 2011 年，税玉民向吴征镒汇报科研情况

植物的认识范围，开阔对秋海棠科植物研究的视野。此时，吴征镒正在与中国科学院植物研究所谷粹芝合作完成俞德浚院士遗留下来的《中国植物志》秋海棠科的补遗工作。吴征镒和税玉民的研究在同一个方面，吴征镒发现这个年轻人会看馆藏的每一份秋海棠科标本，而且观察得很仔细。看过标本后，他对下位子房的横切面做了小图，弄清楚胎座的位置和分支情况。他遇到问题，会不时向吴征镒请教。一旦问清楚，没有多余的话，就又埋头工作去了。吴征镒也没有来得及问他的姓名，后来标本馆的人告诉吴征镒他是云南大学黄素华教授的硕士研究生，而黄素华原就是昆明植物研究所分类室的人，后调去云南大学，算起来与吴征镒还是旧友。

税玉民以云南秋海棠科各种表皮和毛被等新特征做分类根据，显然比单纯的植物形态描述进了一大步。吴征镒预感这个年轻人对秋海棠科分类研究必然有些创见。后来税玉民与中国台湾学者彭镜毅合作，重新划分了东亚秋海棠科的属下分类系统。此间，吴征镒依据 E. Irmscher 所划的秋海棠科旧系统整理秋海棠科中国的各种名录，这对税玉民与彭镜毅的合作研究也是有益的参考。故而，他们成为合作者。吴征镒得到的印象——税玉民是讷讷然不出于口而心里很明白的有学者气质的年轻人。

1998 年，税玉民考取吴征镒的博士研究生，接受了有关学科的学习和训练，基础显得更加扎实。税玉民对吴征镒为学为人感悟良多，心折殊深。毕业后税玉民留昆明植物研究所工作，从事植物分类、植物区系地理和植物生态研究，研究的重点是滇东南及其比邻黔、桂的喀斯特地带。他多次前往屏边大围山、金平分水岭、绿春黄连山及红河河谷地带调查采集，考察持续了 20 年之久，终于啃下了喀斯特地区种子植物这块硬骨头，出版了《中国喀斯特地区种子植物》，让喀斯特地区种子植物面貌清晰起来。中国的喀斯特地区面积居世界首位，其中又以广西、贵州和云南东南部的面积最大且发育最为典型，这些地区所蕴藏的生物资源丰富而独特，但面临的环境问题也极为严峻，贫困问题也很突出。滇东南地区垂直跨度较大，喀斯特地貌类型多样，保存着较为完整的热带北缘山地生态系统，是"植物王国"物种最为丰富的地区之一，并与中南半岛的植物区系有着密切的联系。税玉民连续十余年在此地区研究，收录了该地区种子植物达 93 科 331 属 696 种，这些种类中，以热带、疑难和特有类群为主，包括新分类群 74 种、中国新纪录 13 种和一个与越南共有的属（茜草科越南茜属 *Rubovietnamia*）。其专著《中国喀斯特地区种子植物》既是对该地区植物资源的本底调查，又展现了该地区植物特性的绚丽多姿。税玉民以滇东南及其比邻的黔、桂地区为目标，立下"终老于此乡"的决心，全然是郑板桥《竹石》画作中诗句"咬定青山不放松"精神的再现，吴征镒于《中国喀斯特地区种子植物》序言中赞许此书是税玉民用汗水和心血写出来的，值得读者鉴赏。

植物分类研究者经常要做某个地区或山脉的植物名录，税玉民把做名录看成一件极为重要的事。他对每一个种名都要查实标本和文献依据，有时要翻阅诸多的文献资料加以确认。在读博士期间，税玉民在屏边大围山腹地山地雨林做样方时，采到一个乔木标本，困扰许久终不得解，特请教于导师，吴征镒根据税玉民所述的群落特点和形态描述，即锁定为茶茱萸科阔叶肖榄 *Platea latifolia*。税玉民曾听人说，凡被子植物不知归属均可归入茶茱萸科的说法，对导师的鉴定有些迟疑。税玉民立即去查阅吴征镒浩瀚的分类学文献资料，特别找到吴征镒 1956 年在中苏考察时有关大围山的样方手稿，一看导师的鉴定完全正确，对导师的渊深博学敬佩不已。又一次，他在河口热带雨林遇到一巨大叶片老茎生花仅 1 米高度的灌木，叶片竟达半米长，请教导师鉴定时，吴征镒回忆起馆藏标本来，确定为卫矛科假卫矛属中国特有新种，还亲自抄录 1964 年在中越考察时的 2710 号野外记录标签，贴在标本上，让后人查看标本时参考。他又一次被导师为学为教的细致入微和学识广博所折服。

税玉民常来云南吴征镒科学基金会的吴老书屋查阅资料，查阅较多的是吴征镒主编并亲自修正的两大厚本——《云南种子植物名录》，上面密密麻麻地记录着吴征镒修改、补充的文献和名称，记载着种名最新的信息。吴老书屋有一套德国学者 K. Kubitzki 撰著的 *The Families and Genera of Vascular Plants*，可以说是恩格勒系统的现代版，税玉民常来借阅。为查证资料，他还千方百计地查找吴征镒在云南考察的手稿，不放过任何的资料缺陷。能就一个植物种名如此刨根究底地求证，在植物分类研究队伍里也不多见。吴征镒对此十分赞许，难怪在税玉民获奖的"滇东南及其临近地区种子植物多样性调查、研究和保护"成果鉴定中有"成果提供的资料齐全、可靠。该研究成果总体上达到国内同类研究的领先水平、部分达到国际先进水平"的评语，其中的"齐全""可靠"的分量并不轻。别看植物名录的名字似乎平常得很，但对一位实事求是、认真负责的分类学科研人员来说，每一个植物名后面都有极其繁多的验证工作，绝对不是随便抄录而得的。在吴征镒的言传身教下，税玉民逐渐成熟起来了。

师门问学——杨亲二

杨亲二[①]，湖南冷水江人，1990年获博士学位（图6-4）。杨亲二的硕士和博士学业都是在中国科学院昆明植物研究所完成的。杨亲二考取硕士研究生时，由指导老师李恒带他去拜望因腿伤住院的吴征镒，第一次见这位举世闻名的大科学家，他心里忐忑不安，诚恐诚惶。大学里虽学习过动物学、植物学、微生物学、遗传学等生物学科知识，但他对即将从事的植物分类学研究完全不懂，也不知道该怎么学习。见到吴征镒时，吴老告诉他："开始不懂分类学倒是没有什么关系，只要学习过其他生物学的主要课程就行。"听到吴征镒的话时，杨亲二还没有完全弄懂植物分类学与一般生物学的关系。经过多年的学习和实践后，

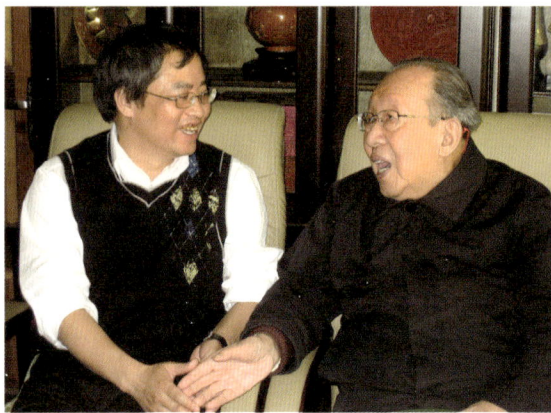

图6-4　2008年3月，杨亲二向恩师吴征镒汇报科研进展

① 杨亲二（1964—），师从吴征镒院士，获博士学位，从事植物分类研究。曾任中国科学院植物研究所研究员、《植物分类学报》主编等，现任中国科学院华南植物园研究员。

他才逐渐领悟恩师的深意。其实植物分类学是一门综合性强的学科，必须利用其他学科，如植物形态学、解剖学、胚胎学、花粉学、细胞学、细胞遗传学、生态学、分子生物学等学科的证据，才能进行深入的植物分类研究，所以必须对这些相关学科的知识有较深入的了解才行，杨亲二花了很大精力给自己补实了生物学的基础知识。他体验到真正好的分类研究成果往往具有很高的预见性，所得到研究结果中的各种形状组合在一起显得十分和谐。而当研究做到极致时，会让人感觉到认识植物形态演变规律和科学之美的愉悦。要做到这一点当然是很不容易的，会遇见意想不到的困难。那些单靠学习拉丁文或死记硬背辨别植物的做法，是不能获得符合自然规律的真知的。

他常常感念恩师的教诲，是吴征镒给他指出来一条深入研究植物分类的正确道路。面对那些对分类研究有兴趣而报考植物分类方向的研究生，他总是把恩师当年跟他讲的话转告他们，要他们特别重视对生物学一般课程的学习，学习得越深越好，这样就能彻底摆脱不科学的学习方法，做一个像吴征镒一样的真正的植物分类科学研究工作者。

鉴定植物标本是编撰植物志最为基础的工作，只有具备正确而合法的学名，才能保障植物志编撰的科学性。吴征镒从这一最基础的工作抓起。杨亲二在吴征镒逝世周年纪念时，写下《师门问学琐忆——深切缅怀业师吴征镒先生》一文①，特意谈及吴老整理标本的方法给他研究植物分类学带来的益教。杨亲二回忆吴老教他整理鉴定乌头属标本时说道："吴老耐心地告诉我将所有乌头属标本搬出来摆在标本馆的长条形桌面上。只见吴老不慌不忙，显得很愉悦和享受的样子（他戴着耳机，好像在欣赏京戏或昆曲，时不时还轻轻哼上两句），开始慢慢整理标本。他先按产地将有关标本整理在一起，然后又按采集人和采集号将标本进行整理，将同一采集人采的同号标本放在同一张衬纸里，然后将不同产地的标本进行仔细比较。经过吴老这么一番整理，有关种类的分布区和形态变异好像立即清晰起来。吴老一边整理标本一边给我讲解，告诉我看任何类群的标本时，一定要将标本先按产地和采

---

① 中国科学院昆明植物研究所.吴征镒先生纪念文集［M］.昆明：云南科技出版社，2014.

集号整理好，然后摊开来看，这样才能看出植物的地理和生境变异式样。在整理标本过程中，吴老要我将有关种类的文献一一给他看，他说对每个种都要从最早的文献追溯到最新的文献，注意不同作者对该种的分类处理、地理分布、亲缘关系等方面发表了什么意见，他们的意见哪些是相同的，哪些方面存在分歧。他说要特别注意那些引证有标本的文献，尽量找到和检查那些被前人引证过的标本，因为这些引证标本代表了有关作者对该植物的认识。他把这些标本找出来后，用他那种特有的很小的圆润字体在上面注明该标本被某一作者在某一文献中引证过。我发现吴老对分类学文献极为熟悉，他能阅读好几种西方语言文献，英文、拉丁文文献就不用说了，涉及乌头属较多的德文和法文文献，吴老也都能顺利阅读。对我读不懂的俄文文献也让我拿来给他看。我还发现吴老对植物采集史也极为熟悉。《中国植物志》第27卷记载紫乌头 Aconitum episcopale 只分布于云南西北部和四川西南部，比较含糊地记载模式标本采自云南。我告诉吴老模式标本是法国传教士 E. E. Maire 采的（种加词即 'episcopale'，意为 '主教的'），但标本的具体采集地点记载不详，吴老立即告诉我《中国植物志》第27卷的记载和分类处理可能存在问题，因为 E. E. Maire 主要在云南东北部一带采集，没有去过云南西北部。后来我从爱丁堡皇家植物园借到了紫乌头的模式标本，发现《中国植物志》第27卷记载的云南西北部的紫乌头标本确实属于错误鉴定。从此我发现具备一定的植物采集史知识对植物分类学研究十分重要，于是有意增加这方面的知识。在后来的研究工作中，对模式产地的精确考证帮助我解决了不少分类处理问题。"

杨亲二的体会是："吴老带我整理了大约一个月的标本，将昆明植物研究所全部乌头属标本进行了细致整理。通过这次整理，我将以前我脑海中对云南乌头属的直观认识理出了一条清晰的线索，对大多数种类的变异式样有了较为深入的理解，对不同种类的界定及其地理分布有了明确的认识。很多久悬未决的问题一旦得解，真是何快如之！我常想，如果没有吴老拨冗亲自带我看标本，在一些关键问题上帮我指导和分析，我自己还不知道要摸索多久才能解决这些问题。这一个月可以说是攻读硕士和博士学位6年中收获最大的一个月，深深影响了我以后的研究工作，使我对植物分类学研究欲罢不能，发现需要解决的问题越来越多，兴趣就越大。我后来研究任何类群，首先都严格按照吴老的方法对标本下一番功夫整理，愈加感到这种方法确实非常有效，在较短时间内就可以使自己熟悉一个种类较多的类群并发现其中问题所在。"

杨亲二真正把吴征镒"先分类后命名"的原理及植物分类学惯用的"形态－地理学"方法学到手、铭记在心了。吴征镒秉承恩师吴韫珍"不以搜求新种为目标，而是将前人发现的种类加以实际的考量和整理，目的在于建立系统研究的基础"的分类研究主张，因而，对类群分类研究取得的结果必然带来类群进化系统研究的成果。

2006 年，杨亲二将自己领会吴征镒"先分类后命名"而得到的心得，写成一篇小文《怎样看标本——对初学者的一点小建议》（刊载于《仙湖》2006 年第 1 期）。一些初学者到标本室看标本时不知道怎么看，或者不知道应该怎么看植物的哪些特征，往往看了很久，还是不得要领，发现不了问题，因而提不起看标本的兴趣；初学者有时拿着一本植物志，依据检索表去看标本，经常觉得一张标本既可定为这种又可定为那种，难以决策，又不知道是什么地方出了问题，觉得相当苦恼，杨亲二用自己的切身体会来回答这些问题，切合实际，让人看过就能复制操作。吴征镒的科研精神薪火相传，杨亲二身体力行地在做给下一代学生看。

查阅标本得到吴征镒真传的杨亲二，在帮助整理某大学标本馆的忍冬科标本时，标本管理员看着杨亲二在标本馆里连续两天折腾标本分"堆"，毫无鉴定标本之举，似乎无计可施。到了第三天，他把全部标本整理好，请管理员帮助打定名签时，管理员才发现标本鉴定完了，并把定名签夹在标本纸衬里，显得那么井井有条，此时管理员以一副"刮目相看"的表情看着杨亲二。其实杨亲二是在运用吴征镒教导的"先分类后命名"的原理、"形态－地理学"的方法来鉴定标本。中国的植物分类研究者，包括像杨亲二等一批后起之秀，正以中国人自己的方式推进中国植物分类科学研究向深度和广度扩展。

杨亲二十分珍惜在吴征镒麾下攻读博士的岁月，回顾在学期间恩师给予的宝贵指导，咀嚼品味。自感师从吴征镒学习植物分类研究的这些画面，实在不足以状老师科研风神于万一。除了精研专业之外，杨亲二也读一些吴征镒的文著，对他的学识渊博、文理融通感悟良多，心折殊深，立志要如吴征镒一样数十年如一日潜心为学，多看文献，多跑野外，多进实验室，多熟悉一些类群，多读古典范文，争做一个文理兼通的科学家。

德籍研究生——嘉碧·洛克（Gaby Lock）

嘉碧·洛克（Gaby Lock）女士来自德国海德堡，慕名而来做吴征镒的博士研究生。这是吴征镒第一次招收外国学生。吴征镒给她定的论文题目是"滇中植物区系的组成和特征"，安排她到大理苍山、西双版纳、武定狮子山、禄劝撒营盘、易门大龙口和一平浪雕翎山等地采集考察，吴征镒亲自带领嘉碧·洛克到西双版纳考察，以增强她对以滇中地区为重点的植物区系的感性认识（图6-5）。

嘉碧·洛克虽初来乍到，但在野外调查中一点儿也不怕苦。去大理苍山考察是随英国考察队而行，她跟大家一起登到海拔4000米的洗马塘，有高山反应了也不吭声。去武定狮子山和禄劝撒营盘、易门大龙口和一平浪雕翎山考察时，只有一位陪同人，但她不在乎，采集标本、记录植物分布从不马虎，口碑甚好。

嘉碧·洛克来华前，在德国自学中文已有两年，有了初步的基础。毕竟是年轻人，来到昆明植物研究所后，

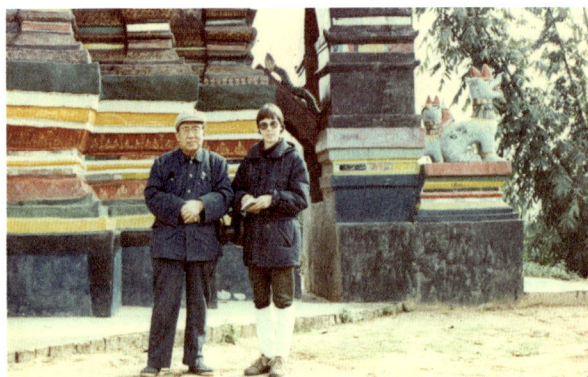

图6-5　1982年，吴征镒带嘉碧·洛克（Gaby Lock）到西双版纳野外实习考察

很容易与同龄人相处，无论是做分类学研究的科技人员，还是做引种驯化研究的科技人员，她都能相处好。她在交流中还学会不少昆明方言，使大家对她刮目相看，渐渐地也就把她当自己人了，这对她的学业帮助良多。

吴征镒还请李锡文和李恒两位研究员帮助嘉碧·洛克鉴定采集的标本和辅导毕业论文撰写。他们二位都是所里的科研骨干，经验丰富，英文水平也高，可以用英文、中文讲解云南植物区系的性质、特征，和嘉碧·洛克交流起来都不困难。在本人的努力及吴征镒和其他研究员的帮助下，嘉碧·洛克的毕业论文得以顺利完成。吴老和她的德国导师也很熟识，后来嘉碧·洛克带着论文回德国答辩。

嘉碧·洛克在昆明学习过程中，也收获了爱情，与在昆明植物研究所工作的徐徐成婚，毕业后一道返回德国。1985 年，吴征镒赴德国讲学交流，在慕尼黑再会嘉碧·洛克夫妇（图 6-6）。

图 6-6 吴征镒在慕尼黑嘉碧·洛克家做客（右起为季本仁、吴征镒、嘉碧·洛克、徐徐）

编纂《中华大典·生物学典》

2006 年，国家正在实施重大文化出版工程项目——编纂《中华大典》。任《中华大典》主编的任继愈先生是吴征镒清华大学不同系的校友，同为从长沙步行到昆明的湘黔滇旅行团的团友，任继愈推荐吴征镒担任《中华大典·生物学典》主编，且很肯定地说："中国只有吴征镒能担此任。"此时，吴征镒已经 90 岁高龄，他审视了身体状况后调侃道："主机虽好，但零件多不灵了。"当时的他确感心有余而力不足，家人也有所顾虑。但校友任继愈盛情至极，吴征镒最终还是接下了主持编纂《中华大典·生物学典》的任务（图 6-7）。

编纂《中华大典·生物学典》，对从来没有接触过古籍编纂的研究人员而言，完全是一件新事物，心中无数。而吴征镒却不然，好像心中早有主意

图6-7　《中华大典·生物学典》(共8册)

似的。接下主编任务后，吴征镒做的第一件事就是动员尽可能多的人和尽可能多的单位来参加。他在参加的会议上讲述国家盛世编典和文脉传承的重要意义，动员更多的学者专家参与编典。

启动编典，大家都有不同程度的畏难情绪，怕做不好工作。吴征镒针对大家的顾虑说："初看起来是件难事，难在量大、类多，但仔细琢磨，还不到难于上青天的地步，也不是丈二和尚摸不着头脑。"他给大家分析："试想编写《古今图书集成》这样的巨著，在清朝雍正年间，由许多大臣在公务之余去编，花了20多年编撰而成，而如今，有图书馆网络、电子通信和信息网络的便利，应该不是件难事。如今盛世之下，我们一定要坚定信心做好编典工作。"他又说："面对大量古籍图书，参加的人多多益善，动员全国力量，老的、少的，不同专业的都可参加，老帮青，集群力，坚不可摧。不识繁体字和古文，可以开培训班，请中文系老师来教，要学会看懂各科属的繁体字及描述植物形态特征的古字文段。"他建议：可分三步走，即读、分、疏。读要放眼读；分是分工做，大家做，系统做；疏要摘录对，疏得细。估计《植物分典》种数也就两三千种，实在考订不准可以做存疑，也不能要求十全十美，有些工作留给后人去做吧。

吴征镒亲自交代办公室的工作人员，负责紧密联系各位参编者，及时沟通、商议和解决出现的各种问题和困难，不拖延。吴征镒院士办公室变成编典工作室，起着下情上传、上情下达和协调运转的作用。

针对存在的问题，吴征镒胸有成竹、有条不紊地安排3件事：一是撰写一篇启蒙文章——《学古字习古文与编典》^①，成为编典的入门读本；二是撰写与编典有关的丛书书目、引用类书按语和暂定引用书目，让大家在浩如烟海的中华古籍文献面前有大致的范围而不至于束手无策；三是亲自疏分《古今图书集成》中《草木典》的条目文段，考订植物学名。他特别告诉大家要认真理解、疏分古籍内容，没有疏分就没有质量。

任继愈得知吴征镒亲自撰文《学古字习古文与编典》，启发参加编典的人员学国学、读古文，了解古籍中有关植物记载的内容，很高兴地说："《生物学典》只能由吴征镒来主持，没有第二个合适的人。"他还说："在《生物学典》中标出各个物种的拉丁文学名，让外国人也能看得懂我们的大典，这点也只有吴征镒能把关。"两位长者布阵指挥，国家盛世编典竣事，参编者受益。

不仅如此，吴征镒还逐一约谈各位编典作者。由院士办公室统一安排，请各位老、中、青作者先后到吴征镒家里交谈，有臧穆、黎兴江、李恒、朱维明、裴盛基、周铉、陈书坤、武素功、吕春朝等，年轻的作者有税玉民、雷立功、钱子刚等，吴征镒根据他们各自承担的科属任务，有什么问题就解决什么问题，很有针对性，重点解决编者的实际问题。他坚持与每位编者当面交谈，当面解决主要问题。90岁高龄的吴征镒如此用心良苦，对不太理解编典工作的参编者，逐一有的放矢地辅导。他帮人帮在点子上，让参编者有明显的收获。"雪中送炭"之举，验证了"言一百不如做而行一"的功效。

此间，吴征镒用眼过度，视力下降，不能再看书了。由身边工作人员给他念《草木典》的条文，听他解释和疏分，以指导参编者工作，"扶上马，送一程"，让大家尽可能多得到实际帮助。编典工作的最终完成，与吴征镒的引路和示范分不开，大家深深怀念这位编典的领航者，感恩这位编典的掌舵人。

① 吴征镒.吴征镒自传［M］.北京：科学出版社，2014：301-305.

奖掖后学，薪火相传

吴征镒从进家塾读书，就接受中国传统教育，受中国传统文化的熏陶，随后在高中和大学时期接受现代科学知识的通才教育。在 70 余年的科研生涯里，他认识植物世界，探索其发生、发展规律，吴征镒练就了个性鲜明的科学思维方式，自称为东方人思维方式。吴征镒总结自己为人、为学的实践，提出"为学无他，争千秋勿争一日"的主张。他把为学的目的放在寻求真理的范畴，做一个永不停息的寻真者。

中国绵绵 5000 年的传统文化，从未中断，显示出世代相传的鲜明特性。中国科学家的精神，是科学创新的宝贵精神财富，也在时代相传。吴征镒培养的博士研究生，无论是留在昆明植物研究所工作，还是分赴国内其他岗位或国外工作，都秉承吴征镒的学术思想，在各自的研究领域里担起责任，为弘扬吴征镒科学精神添砖加瓦，不愧为优秀的传承人。从留在昆明植物研究所的一些弟子传承吴征镒学术思想和科研创新方面的实践，可窥视到其发扬吴征镒科学精神的轨迹。

李德铢

李德铢，江西南康人，1963 年生。1990 年获博士学位，1996 年任研究员，2005 年任中国科学院昆明植物研究所所长，国家杰出青年科学基金及中国科学院"百人计划"获得者（图 6-8）。他在跟随吴征镒从事科研的 30 余年里，在植物分类研究方面，承担难度较大的竹类分类任务，完成 *Flora of China* 竹亚科的编撰，澄清并修正大量有争议的属种，提出中国竹亚科的新分类系统，为国际植物学工具书 *The Plant-Book* 多处引用。他从分子系统发育和分子地理角度，拓展分子地理学研究，对比分析了 APG 系统和八纲系统，展示了一幅视图，或许可能预示殊途同归的某种可能性。他编著了《中国维管植物科属词典》《中国维管植物科属志》，践行"为学先为人"理念，注重自身科研道德修养，有引领新方向的组织才能，显示出优异的科研潜能。

李德铢带领研究团队，依托中国西南野生生物种质资源库，致力于植物系统发育基因组学研究。通过广泛的国际和国内协同攻关，他们开展了迄今为止科级水平最广泛取样

图 6-8　1992 年 10 月，李德铢与吴征镒在巴黎博物馆鉴定标本

的被子植物系统发育基因组学研究。团队首次提出了被子植物化石记录与分子钟推算时间之间的"侏罗纪空缺（Jurassic gap）"，建立了被子植物基于质体基因组超级矩阵大数据和全面取样的真实树（explicit tree），实现从 APG "概要树"（summary tree）向"真实树"的跨越。2019 年 5 月 6 日，该研究成果以 "Origin of angiosperms and the puzzle of the Jurassic gap" 为题于 *Nature Plants* 期刊上在线发表。APG 系统的主要发起人 Mark Chase 院士和 Douglas Soltis 院士参与了此项研究，李德铢研究员和 Pamela Soltis 院士为该文的共同通讯作者。*Nature Plants* 发表的专题评论指出："李德铢等全面的系统发育基因组学研究和分子钟推算，支持被子植物起源于晚三叠纪，这比化石记录的时间要早得多，从而留下了一个贯穿整个侏罗纪的令人困惑的空白区。"

李德铢长期从事植物分类、系统发育、生物地理学和生物多样性保护研究，带领团队建成亚洲最大的野生生物种质资源保护设施，率先运用大规模 DNA 条形码和基因组浅层测序数据研究中国植物物种多样性，构建全球有花植物科级水平完整的"生命之树"，提出被子植物起源的"侏罗纪空缺"。

2024 年，李德铢当选英国爱丁堡皇家学会外籍院士。

孙航

　　孙航，安徽太和人，1963 年生。1994 年获博士学位，1997 年任研究员，2014 年任中国科学院昆明植物研究所所长，国家杰出青年科学基金及中国科学院"百人计划"获得者（图 6-9）。孙航科研上有坚韧毅力，学风上谦和恬退，修养上自律自觉，行动上勇于担当。40 年来，他坚持在西部地区，特别是青藏高原开展植物分类区系调查研究，在植物分类学和植物区系领域做出了突出贡献。

图 6-9　2009 年 1 月，孙航向吴征镒汇报科研进展

　　孙航领导了墨脱植物区系越冬考察、青藏高原极端环境下种质资源收集与保存、第二次青藏高原综合科学考察研究的植物专题等系列大型科考或国家重大研究项目，采集了 5 万余号 20 万余份标本并被广泛引用。他提出了东亚植物区系具有多重起源，并在中新世亚洲季风形成后发展起来的新观点；厘清了"杜鹃区系"和"水杉区系"范围和界线以及分异机制。发现了"北纬 29°线"是横断山植物区系南北分界线、"雅鲁藏布大峡谷"是东喜马拉雅东西区系分界线、"三级阶梯线"是西南 - 华中 - 华东区系分界线；证实了"田中—楷永线"、Ward Line[①] 是西南山地重要的区系分界线。证明了"天空

---

　　① Ward Line 是英国植物学家 Kingdon Ward 提出的一条植物区系的分界线，即澜沧江 - 怒江分水岭。Kingdon Ward 曾在 20 世纪初到中国西南地区多次考察，到过梅里雪山、白马雪山等地考察，发现百余种新植物。

岛效应""冰期和间冰期交替""河流袭夺""昆虫或人类干扰"等是导致山地物种分化的重要因素。解决了中国及青藏高原植物区系演化等重大理论问题，引领了领域前沿的研究，丰富了进化生物学理论体系；传承和发展了植物分类、区系地理学研究，推动了学科的交叉融合和新的范式形成，取得了一系列重要的原创成果，有力支撑了生物多样性保护。2023 年，孙航当选中国科学院院士。

周浙昆

周浙昆，浙江建德人，1956 年生。1990 年获博士学位，1996 年任研究员（图 6-10）。周浙昆 1985 年在中国科学院南京地质古生物研究所获硕士学位，1990年由中国科学院昆明植物研究所与英国皇家植物园联合培养获博士学位。他在吴征镒主导

图 6-10　2006 年，周浙昆向吴征镒请教学术问题

下，从事古植物学与现代植物相结合的研究。周浙昆在古植物学与现代植物区系结合方面做出骄人成果，吴征镒褒奖他"不负众望，又深孚众望"。周浙昆做学问潜心下沉，不遗余力，到高原深谷，寻求植物化石，从化石探究八纲系统，发现八纲系统各纲最早的化石记录，深研被子植物起源及演化。研究广及古气候、古高程重建，探寻青藏高原隆起的历史，丰富植物区系地理研究的内涵，在学科交叉融汇方面创新篇。

彭华

彭华，贵州江口人，1959年生。1995年获博士学位，1998年任研究员（图6-11）。在吴征镒指导下，他把植物分类学研究作为重要基础，十分注重对植物的调查采集实践，足迹遍及云南三迤大地，对植物的野外感性认识大幅提高，对菊科、禾本科等大而难类群的研究尤为突出。彭华对云南区域性植物区系的研究颇有深度，在无量山种子植物区系研究中，采用区系存在度方法，排列科、属、种

图6-11　1996年12月，彭华陪同吴征镒在华南植物园

次序，较好地反映了区域植物区系中的标志性特征，可清楚看出区域植物区系构建中具有相对重要性的科、属、种植物，再结合植物群落特点，对深入研究区域植物区系很有裨益。在研究中，分类、区系双管齐下，经典与分子相结合，与时俱进，顺应创新发展趋势。

吴征镒教授学生众多，从来不照本宣科地讲授知识，而是首先把学习科学知识的方法传授给学生，学生把握了学习方法，学习知识必然会取得事半功倍的效果，与"授人以鱼，不如授人以渔"的道理一样。

从1987年起，吴征镒培养的博士研究生和博士后有李德铢、周浙昆、李建强、唐亚、孙航、杨亲二、朱华、丁士友、彭华、雷立功、周丽华、李捷、杨世雄、税玉民、周其兴、李嵘、夏念和、向建英、邓云飞、钱子刚、王印政（博士后）、张明理（博士后）、高天刚（博士后），共计23位。他们在各自岗位上均成为科研骨干，有的是学术带头人，现已独当一面。

精神家园篇

　　科学家精神具有民族性、历史性和实践性，是深受我国历史文化影响并将影响科技历史发展的重要力量。在吴征镒学习和成长实践过程中，我国的传统文化为其提供了最初的精神之源，那些熟读的诗词、背诵的古文，对其在植物学研究及自身的文学修养方面均有很大帮助；吴征镒在求学和科研阶段，与人文学者的交往和相互学习，集聚了更多传统文化力量，并将传统文化与科学融合为他自己的精神家园。

自然科学与传统文化有机融合

吴征镒 6 岁时，母亲教认方块字，差不多认识两千字。后拜师傅进私塾，开始读《论语》《孟子》《大学》《中庸》等，还有《古文观止》《唐诗三百首》，师傅要求一篇一首地读。难懂的文言文，他囫囵吞枣地背熟，有些有韵，顺口就诵。训练博闻强识和文学基础，对吴征镒从事自然科学工作也大有裨益。

80 岁后，吴征镒折节读书，系统总结科研工作，在众位弟子协助下，完成 4 部自主创新的学术论著。除《中国植物志》第 1 卷外，其余 3 部，亲自作序，引用古人诗句作为自序开首，借用古代诗人诗句的隐喻和象征，表达关于生命、探索自然、人生价值等的深刻思考和洞察，感染读者、启发读者。这种方式称诗言志，诗言志是中国古典诗学的核心传统，此文化情志，寓意深刻而广泛，至深致远。

《中国被子植物科属综论》序言的开篇引诗

2003 年，吴征镒领衔撰著的《中国被子植物科属综论》出版，自序开首引用南宋理学家朱熹《春日》的后两句：等闲识得东风面，万紫千红总是春。《春日》的前两句是：胜日寻芳泗水滨，无边光景一时新。诗意是风和日丽之时在泗水的河边踏青，无边无际的风光焕然一新。谁都可以看出春天的面貌，春风吹得百花开放、万紫千红，到处都是春天的景致。

表面上看似一首描绘春日美好景致的写景诗，其实是一首寓理趣于形象之中的哲理诗。诗中寻芳之地泗水，在朱熹生活的时代早已被金人侵占，朱熹未曾北上，当然不可能在泗水之滨游春吟赏，因此仅是一种虚拟。其原因是朱熹潜心理学，心仪孔圣，向往当年孔子居洙泗之上，弦歌讲诵、传道授业的胜事，于是托意于神游寻芳，借泗水这个孔门圣地来说理，透露朱熹膜求圣道的本意。

《中国被子植物科属综论》出版，提出将全球被子植物分为 8 纲 40 亚纲 202 目 572 科的八纲系统，向延续百余年的被子植物分为双子叶植物纲和单子叶植物纲的传统分类提出挑战。根据形态（广义）、分子、化石和地理分布等方面的证据，对中国分布的 346 科 3100 余属进行综合分析，论述其系统位置、科内和属下的分类系统、分布区及现代各分布格局的形成和起源，并指出一些重要类群在生产实践中的应用价值及在系统学上还存在的问题。这是一部中国植物学家关于被子植物系统演化研究的新论著，也是中国人自己研究提出的被子植物系统演化新系统。吴征镒借用朱熹潜心理学、心仪孔圣、膜求圣道的隐喻，表现中国今天的"东风面"是一片洋溢着自力更生、自主创新发展科技气息的春风、春景，也是科技工作者奋发图强、意气风发的大好时光。今日中国科技发展的"万紫千红"远比以往任何时期更加丰富多彩。从这两句诗中可感触到吴征镒此时有一种"老当益壮"的自豪感，心境的悦怡可想而知。

《种子植物分布区类型及其起源和分化》序言的开篇引诗

2006 年出版的《种子植物分布区类型及其起源和分化》是一部有关种子植物分布区类型及起源和分化的科学专著。在自序之首引用郑板桥题《竹石》画的诗句：咬定青山不放松，立根原在破岩中。千磨万击还坚劲，任尔东西南北风。《竹石》诗描绘竹子的根牢牢扎在岩石缝中，一点也不放松的情景。石竹经历无数磨难和打击身骨仍坚劲，任凭你刮酷暑的东南风，还是严冬的西北风依旧岿然不动。吴征镒从事植物科学研究，也同竹子一般，经蹉跎岁月，仍身骨坚劲，岿然不动，一往无前。

这部著作最早在 1960 年就由吴征镒开始撰写，当时书名尚未确定。1964 年，吴征镒在云南大学生物系讲授植物区系地理学，将相关内容编写入《植物区系地理学教学大纲》。1969 年，他参考苏联学者塔赫他间（A.Takhtajan）设立的系统，结合中国实际，对书中内容进一步做了修订，对植物区系地理学的理论、方法、内容也有了科学概括。1979 年，吴征镒发表《论中国植物区系的分区问题》，之后用了 8 年时间，仔细研究植物分类系统和区系学间的联系，将世界已知各大中小自然科的分布区类型加以对比研究。1991 年，吴征镒发表《中国种子植物属的分布区类型》，在世界植物区系大背景之下，探寻中国属级分布区分类系统与植物系统学和区系学之间的关系，以期对分布和分布区类型这一关键性问题有更深入的科学理解。加之"东亚植物区"的提出（1998 年）和被子植物"多系 – 多期 – 多域"起源理论（2002 年）的问世，配合《中国被子植物科属综论》（2003 年），以中国本土种子植物为主，透过被子植物分布区的形成历史，紧密结合地球历史和被子植物的发生发展，以印证其在地球形成发展中自身发展和形成的轨迹。关于这部书，曾四易书名，如果将书名立为《泛地植物学引论》仍有欠妥之处，还会被误认为教科书，似有"好为人师"之嫌。一番师生共议，还是决议在植物地理（Geobotany）特定含义内，将其定名为《种子植物分布区类型及其起源和分化》，以备一家之说。

从立题到成书，前后约半个世纪的光景，时光可谓不算短了，序言中吴征镒引用唐代贾岛《剑客》中诗句，以"十年磨一剑，虽霜刃未曾试，或也可披荆斩棘"来形容成书的过程。这一过程里，需要的是坚持不懈和坚韧不拔，与石竹坚韧品格高度契合。植物的精神品格并非植物本身所有，而是人所赋予的。而为了体现精神与植物的结合，选郑板桥给《竹石》画题的《竹石》诗，是自然而然、顺理成章、珠璧联辉。

《中国种子植物区系地理》序言的开篇引诗

2010 年出版的《中国种子植物区系地理》是吴征镒主持国家自然科学基金委员会重大项目"中国种子植物区系研究"的总结性专著，也是吴征镒学术论著的收官之作。序言的开篇诗是吴征镒精心节选的陶渊明的八句诗文，集成一五律戏以之自况：

性本爱丘山，守拙归园田。

结庐在人境，虚室有余闲。

俯仰终宇宙，欲辨已忘言。

纵浪大化中，复得返自然①。

吴征镒米寿之年，弟子们曾敬联"仁者乐水何止于米，智者爱山敬期以茶"。爱山乐水乃吴征镒一生喜爱大自然、爱好植物的真实写照。吴征镒天性热爱自然，自幼喜爱植物进而研究植物。

这首词是对这一著作的总结，也是吴征镒对自己一生从事植物研究的总览和回望，意义颇深。1958年，吴征镒来到云南，与蔡希陶一道，创建昆明植物研究所。这是吴征镒人生的最大转折点。穷其一生，笃行践行，坦途中坎坷、荆棘在所难免。云南是他的第二故乡。此书出版，往事历历，息笔之时，吴征镒感慨"书到用时方恨少，事非经过不知难"，书中所用的全部资料是由无数有名或无名英雄的血汗凝成的，也是大自然在种子植物演化过程中的成绩，俱可见也。

陶渊明可称我国古代诗坛上的田园诗圣，也是古代的大思想家。陶渊明对社会人事的虚伪黑暗有极清醒的认识，他隐居田园并不是消极逃避现实，而具有深刻批判社会现实的积极意义。可贵的是他在漫长的隐居生活中陷入饥寒交迫困境时，尽管也彷徨过、动摇过，但最终还是没有屈服，宁固穷终生也要坚守清节。"不为五斗米折腰"是国人尽知、国人敬仰的高风亮节。

当年，吴征镒南迁云南，有的人认为在北京工作得好好的，京区发展机会更多，何必舍近求远去云南呢？也有人替他可惜，认为吴征镒是党员，又

---

① 此上四联八句五律诗句分别选自陶渊明的《归园田居五首（其一）》（性本爱丘山、守拙归园田、虚室有余闲、复得返自然）、《饮酒二十首（其五）》（结庐在人境、欲辨已忘言）、《读山海经十三首（其一）》（俯仰终宇宙）和《形影神·神释》（纵浪大化中）。

是首批学部委员，在京取得显耀位置是水到渠成、众望所归的事。还有的人甚至揣测其迁滇的动机。言说种种，都没有让吴征镒动摇决心。来到云南，他一头扎进边城昆明，潜心研究植物分类和区系，为实现宏图大愿，在云南整整55年，无论周围环境如何，吴征镒硬是把一个传统的植物科学推上科学的高峰，其功力之深、毅力之强，何等惊人。吴征镒以精卫填海的精神攀登科学高峰，为中国植物科学事业的创新发展和走向世界做出了杰出贡献。曾国藩说过一句话："勿忘勿助，看平地长得万丈高。"吴征镒用睥睨寰宇的科学巨眼和宁静致远的人文情怀，跋涉在通往高峰的征途上。

吴征镒引八句陶诗戏以自况，有3个方面的契合。其一，陶渊明"性本爱丘山"，与吴征镒自幼爱山乐水、喜爱大自然具有一致性：陶渊明"守拙归园田"，吴征镒南迁昆明，投入"植物王国"天地，钻研植物科学，都是回归于大自然。其二，住宅盖在人世间，聚居繁华。人生在世，心中纯净，方可无比安逸。写诗论作或做科学研究，都需要心境平静，专心治学，才能出好成果。身心追求一致，向往趋同。其三，置身自然界，如顷刻遨游遍宇宙。人生天地间，海那么阔，天那么高。记住自己应尽的责任，不狂妄自喜，也不惧怕困难，那就自自然然地尽伦尽职，不去计较可以得到多少回报。古时的陶渊明和现代的吴征镒都对诗文的哲理心领神会，道出明理治学的真谛。所引诗文意境与引者心境高度契合，使得我们更加亲切地感悟到诗人与科学家深厚的人文情怀。中华传统文化的精髓魅力无穷，这些文化和精神就在身边，就在眼前。

植物学家与人文学者的情谊

我们非常熟悉的《背影》作者朱自清，写出《七子之歌》的闻一多，这些耳熟能详的作家和文学家，以及余冠英、王元化、任继愈、陶光等人文学者，他们都与吴征镒先生有很深厚的情谊。或许他们相处或交往的时间并不算很长，但他们之间人格力量的相互影响意义重大。

朱自清

吴征镒与散文家、文学家朱自清结下的情谊犹如鱼水之情，如同理学大家朱熹笔下的"半亩方塘活水"一般，永不枯竭，永不陈腐，永不污浊，永远清澈。

现代散文家、诗人、学者、民主战士朱自清，比吴征镒年长18岁。吴征镒出生时朱自清已经考取北京大学预科。1933年吴征镒考取清华大学生物系时，朱自清从欧洲留学归来继任清华大学中文系主任兼教授。

吴征镒在扬州中学念高三时，国文老师张熙候给学生选读《桨声灯影里的秦淮河》，朱自清先生的这篇白话散文给16岁的吴征镒留下深刻印象，他觉得诗情画意浓郁，有"荡漾着蔷薇色的历史"的感慨，也有深深的哀愁。那时还没有机会读朱自清先生感人至深的《背影》《荷塘月色》。

1933年，吴征镒到上海参加高考，报考清华大学生物系。那年高考的国文考试题是以启发式命题写一篇游记。吴征镒在扬州采集标本踏遍芜城（扬州）春草，上过蜀冈、访过"禅智"，到过镇江北固山，无锡惠山、太湖，苏州虎丘和天平山等处，他依据自己边采集边旅游的感受，又结合读过的《桨声灯影里的秦淮河》《古文观止》里柳宗元的小游记、唐朝王维的《山中与裴秀才迪书》，仿照那些文章的意境和格调，完成一篇游记交卷。后来才知道国文阅卷者正是朱自清先生，他给了吴征镒一个较高的分数，这也使得吴征镒报考清华大学能够榜上有名。

　　进入清华大学，大一国文教师居然就是朱自清先生，吴征镒这才真正见到他。朱自清先生讲课时，有"一大堆扬州口音"，这也让学生们能彻彻底底感到朱老师确实是扬州人。朱老师不单是文学大师，也是语言大师，有许多"论""说""谈"的散文，分析中国语言文字的语法常常细致入微，让人越嚼越有味。吴征镒发现朱自清先生的文章一字不废、一字不苟，确实文如其人，正如现代作家、教育家杨振声所评价的那样："风华从朴素中来，幽默从忠厚中出，腴厚从平淡中来。"清华大学有知名教授上基础课的传统，国文课是大学一年级的必修课。这样的国文课给吴征镒留下深刻而难忘的记忆。

　　抗战时期，朱自清先生也南迁昆明，任教于国立西南联合大学。由于后方生计日益艰难，朱自清先生将夫人送回成都。在最困难的1940—1942年，朱自清先生与吴征镒的业师李继侗一同住在昆明北门街一间会馆的戏台楼上。吴征镒每次看望业师，也必看望朱老师。生活艰难，吴征镒常在文林街上的甬道街口遇见朱自清先生，朱自清披着一件彝族同胞在放羊或赶马时披的羊毛毡，俗称"一口钟"，瑟瑟缩缩地茕茕独行。虽然他是大学教授，但迫于生计，也还需在私立五华中学兼任国文老师。吴征镒存有一幅五华中学高五班毕业时的照片，朱自清坐在教师席里，朱自清的弟子王瑶、季镇淮和吴征镒立于其中。这也是吴征镒与朱自清合影仅存的一张照片，弥足珍贵。

　　闻一多遇害，对朱自清打击甚大，但他沉潜执着，在民主运动的行列里，更加勇猛精进了。抗战胜利，国立西南联合大学复原，朱自清回到清华大学继续任教，吴征镒也回清华大学生物系任教，相互看望机会较多。吴征镒于1946年在昆明加入中国共产党，复原后参加"反饥饿、反内战"运动，吴征镒是领头人，对朱自清更有一份敬重之情。朱自清写有《论气节》《论吃饭》《论严肃》等文章，以配合运动。当吴征镒拿来《和平宣言》请教授签名声援民主运动时，朱自清犹如闻一多一样，从不拒绝，甚至是第一个签名声援。朱自清已经代替闻一多走上运动第一线了。这是"不食嗟来之食"的骨气、"不为五斗米折腰"的硬朗，体现了中国人的气节风骨。

吴征镒收到安排进步作家王松声在北平工作的任务，请求朱自清先生帮忙，朱自清在清华大学教授会中有一定威望，很快就将王松声安排在清华大学子弟学校的成志小学任教导主任。虽然有些冒险，但朱自清执意促成。朱自清是多子女的家庭，还承担着编辑整理《闻一多全集》的繁重任务，已累得骨瘦如柴。但他仍处在反饥饿、反内战的斗争中，仍是"宁可饿死，不领美国救济粮"的铮铮铁汉，仍然如闻一多一样走在斗争的最前列。这一切，吴征镒真真切切看在眼里，铭记在心。

朱自清在编完《闻一多全集》不久，于1948年8月12日，因胃穿孔不治而与世长辞，不满50岁。吴征镒从抗战以来，送走3位恩师，吴韫珍师年仅43岁，闻一多师年仅47岁，朱自清师不满50岁。他们都是被旧社会帝国主义和反动派生生扼杀的。吴征镒为朱老师写下两副挽联："吏贪夫廉，吏懦夫立。求经师易，求人师难""十五年时沐和风，翘首夕阳无限好。两三载连摧大树，惊心昧旦有深哀"。那时正值内战期间，北平还未解放，自然只能锋芒内敛。盛年著名教授朱自清，是中国现代文学史上永垂不朽的大师巨匠。虽英年早逝，但朱自清拥有"最完整的人格"，永远是后继者的榜样，永远活在全国人民心中。

吴征镒幸遇朱自清先生，从入学清华大学算起直至朱自清辞世的15年间，与朱先生相处，从未间断。朱先生言传身教，让吴征镒得益匪浅。最为重要的则是从朱先生身上领悟文学家观察生活、洞察社会的敏锐力，使吴征镒得到考察自然、认识植物属性的有益启迪。他从朱先生习文意境广阔、用语精准的表达里悟出撰写科学论著的方法路径，受用终生。

闻一多

吴征镒与闻一多相识于1938年2月，从长沙组建湘黔滇旅行团开始。旅行团有200余名学生，分成2个大队、3个中队，军方派来3位教官当中队队长。随团教师组成辅导团，共11人，包括黄子坚、李继侗、闻一多、曾昭抡、袁复礼、郭海峰、毛应斗、王钟山、许维遹、李嘉言、吴征镒（图7-1），外加随团医生徐行敏。李继侗带领郭海峰、毛应斗、王钟山、吴征镒，可为生物地理方面

图7-1 湘黔滇旅行团教师辅导团全体成员合影。自左至右为李嘉言、毛应斗、李继侗、许维遹、黄钰生（黄子坚）、闻一多、袁复礼、曾昭抡、吴征镒、郭海峰（王钟山缺）

的代表，而闻一多及其所带领的许维遹、李嘉言，分别是中文系的教授、讲师和助教。8个人自然而然分作两组随团行进。闻一多和李继侗两位老师发誓要蓄须明志，抗战不胜利不剃须。那时，闻一多"长髯飘洒"，李继侗却"短须一撮"，国立西南联合大学学子皆知。

湘黔滇旅行团辅导团里的吴征镒年仅21岁，能与李继侗、闻一多等老师朝夕相处，他心感幸运。步行途中，在荆榛蔓草丛生的公路边围坐小憩，讨论时局，吴征镒爱听闻一多满怀激情地发言论说，也看到闻一多用画笔记日记。大家同乘一叶扁舟，共渡过盘江天险，难忘途中艰辛。吴征镒在昆明附近的大板桥溶洞口岩石上与闻一多闲话，欣赏闻一多的写生作品。到达昆明后，又与李继侗、闻一多两位老师在大观楼唐继尧铜像下聚会忆旧，闲适喜悦。吴征镒本学自然科学，抱有科学救国理想，一路行来昆明，老师的热诚启发和教育，也让吴征镒开始了新的思索。

经过3500多里集体徒步，三校师生汇聚于昆明。"一二·九"运动给予青年们各方面的解放，也将他们带到了昆明。国立西南联合大学教师、学子的讲演会、讨论会、戏剧、歌咏、壁报，蓬勃一时，各种社团应运而生。闻一多介绍吴征镒参加新诗社和剧艺社，逢"五四""一二·九"等纪念活动，有演讲会和诗歌朗诵会，田间、李何林、尚钺演讲鲁迅精神，何孝达朗诵马雅可夫

斯基式的长诗，光未然朗诵阿诗玛的开篇——阿细的先鸡，颇显诗才，出色当行。吴征镒也曾朗诵过一些即时创作的政治讽刺诗。应剧艺社要求，吴征镒出面请闻一多、曾昭抡来做"科学与民主"专题演讲，使得吴征镒与闻一多走得更近了，在这个过程中他感悟到了闻一多先生民主思想的深邃。

抗战进入相持阶段，大后方的昆明物价飞涨，国立西南联合大学教授薪给有限，此时闻一多家庭负担甚重，不得不做起代客刻印的生计，以博升斗。但闻一多操守极为严格，一些不法权贵哪怕重金请他治印，也会遭他严词拒绝。而他对吴征镒关爱有加，特制作一枚印章送给吴征镒。师生情谊之厚可见一斑。

1946 年 7 月，在李公朴追悼会上吴征镒聆听了闻一多的"最后一次演讲"，该演讲对国民党反动派的倒行逆施进行了深刻的揭露和批判，发出"正义是杀不完的，因为真理永远存在"的强音，"我们随时像李先生一样，前脚跨出大门，后脚就不准备再跨进大门"，面对特务的残暴，闻一多不畏血雨腥风，慷慨就义、视死如归的气概贯通云霄。一个倒下，千百个继起。

1946 年 7 月 15 日，闻一多遇害，吴征镒含悲写下《哭浥水闻一多师五章》：

> 内美重修能，分明剧爱憎。
> 胸怀三伏炭，节操一壶冰。
> 白璧何由玷？苍鹰不避矰！
> 惊心尸谏地，忙熬几青蝇？
>
> 九死犹未悔，先生小屈原。
> 彼伧施鬼蜮，我血荐轩辕。
> 得路由先导，危身以正言。
> 大江流众口，浩荡出荆门。
>
> 清时期北返，往事记西征。

南国空魂魄，中原有斗争。
多艰民主业，修远和平程。
凶器销当净，哀黎死是生。

主义虚兼爱，人身失自由。
千夫杂醉醒，一世际沉浮。
宁碎常山舌，甘为孺子牛。
民生荃不察，天地哭声稠。

暗夜风雷迅，前军落大星。
轻生凭胆赤，赴死见年青。
大法无纲纪，元凶孰典刑？
边城皆带甲，薤露上青冥。

　　这五首五律共 200 字，吴征镒于 1946 年 7 月下旬写成，是当时最后一批师生离开昆明时为闻一多先生召开小型追悼会而作。为了躲开特务们的耳目，尽量引用了一些古奥的诗经离骚和杜甫诗来曲折地表达与会者的心情和体现闻一多先生的品德，原稿用小字壁根的形式贴在墙上，会后销毁，手稿收入《去日集》，又于"文革"前夕为人借去未还而遗失。此诗复得于清华周刊社于 1947 年 7 月 20 日编印的《闻一多先生死难周年纪念特刊》。

　　今天，距闻一多先生遇难，时隔 70 余年。我们的国家发生了翻天覆地的巨变，进入社会主义新时代。吴征镒与闻一多在特殊历史时期结下深厚的人文情谊，永远值得我们尊敬和借鉴学习。中国共产党领导中国人民，历经百余年奋斗，那些为中国革命献身的烈士，也必将永垂不朽！

余冠英

　　从扬州走出来的古典文学家余冠英和吴征镒家有远亲关系。吴征镒父

图7-2　余冠英在清华大学书房阅书

亲吴启贤有位挚友名陈含光，陈含光是扬州有名的文人、学者，他的妹妹便是余冠英（图7-2）的夫人，吴征镒应该称她为八姑太太。

1933年8月，吴征镒考取清华大学生物系，与同考取清华大学的扬州中学同学胡光世（镜波）约定提前两天到北平，想借此机会看看向往已久的北平城。不料，他下前门火车站，雇人力车到大栅栏清华大学接待新生的金台旅馆时，被车夫忽悠，左拐右拐到了一家黑店，被狠狠敲了一笔钱。最后问到金台旅馆就在大栅栏里，离前门火车站不远。初次出门，世间人事复杂艰难，吴征镒格外思念亲人和家乡，特别想见在北平的远亲余冠英。

吴征镒到清华大学老二院宿舍找到八姑丈余冠英先生，初次见面，便觉得余冠英学者风度十足，亲热安详，他用扬州话亲切地跟吴征镒交谈，问寒问暖，吴征镒倍感亲切。按规定，新入学的学生需要有两名保证人方可注册入学，余冠英很快就找来吴祖襄和徐仁作保，解决了吴征镒入学的大问题。不久，余冠英接来了家眷，搬到一个小四合院，吴征镒成了他家的常客。当余冠英得知吴征镒进清华大学时得分最高的是国文和常识，而且考试作文的阅卷人是朱自清，十分高兴地说："打好文学基础对你学习生物也会很有用。文理相通，只有博大，才能精深。"余冠英喜欢谈及古典文学，交友广泛。因此，吴征镒每到余冠英家总能结识一些文学、文艺界的朋友，也增长不少新的古文知识。这对吴征镒后期的著书立说、做人和治学很有益处。

抗战时期，余冠英也来到昆明，在清华大学文学院文学研究所工作，与闻一多、朱自清、王瑶、季镇淮、范宁等共事。为躲避日本飞机轰炸，余冠英一家搬到黑龙潭附近的蒜村，住农屋茅舍的小楼里，到文学研究所上班要走十几里路。吴征镒时常带学生来黑龙潭的云南农林植物研究所实习、采标本，常去看望余先生一家。当时，余冠英虽是教授，但生活十分清苦，孩子们连买一碗木瓜水的零花钱都没有。吴征镒去了，余先生总要留饭叙谈，关心学业和工作，也很支持他参加抗日救亡运动。李公朴、闻一多被害后，时局更加动荡，国民党反动派特务更加疯狂。当时，吴征镒接到上级指示要暂时隐蔽，建议暂避余冠英家。在"黑云压城城欲摧"的白色恐怖下，接收一个共产党员要冒很大风险。余冠英一家冒险掩护吴征镒，让吴征镒永生不忘。

新中国成立后，余冠英在北京大学文学研究所工作，北京大学文学研究所后改名为中国科学院文学所，后又转为中国社会科学院文学研究所，他任研究员、副所长，兼《文学遗产》杂志主编。他对诗经和古乐府有精湛研究，能把古诗以明白如话、情深意挚的笔调译成白话诗，其功底和意境都不凡。

后来，吴征镒南迁昆明，虽京昆暌隔，但遇去北京出差机会，总免不了去中国社会科学院宿舍看望余冠英，余先生孜孜不倦的治学精神和亲切谦逊的品格，给吴征镒留下不可磨灭的印象。在满屋书堆的屋舍里与余冠英叙谈旧情，谈笑风生的情境，对吴征镒来说犹如昨日，先生之风，山高水长！

王元化

不平凡的 1947 年，内战旋开。在党中央指挥下，解放军歼灭国民党军的有生力量，实现战略大转移。北平城内，"反饥饿、反内战、反迫害"斗争如火如荼。吴征镒从昆明复原回到北平，举目无亲。作为一名地下党员，为了开展工作，需要尽快联系人员组织相关活动，同时，也要做好防备以避乱、避祸。为了做好掩护，吴征镒常到家住北平东城的二哥吴征鉴家的一位内亲孙家走访。而此时，王元化夫妇正是孙家的房客，他们便就此相识。此后，每访孙家，吴征镒都先到王元化家小坐。与王元化相谈既投契更投缘，文学、戏剧、时事，从鲁迅谈到尼采等哲学家，无所不及。吴征镒还向王元化介绍清华大学读书会的成员。有时相约王元化、张可夫妇到颐和园、玉泉山、清华园等地游览，郊游中交谈更为轻松。两位投缘相识延续一生。

吴征镒在回忆这段相识时光时曾表示："回忆 1947 年在北平初与王元化交往，有数次在清华园的教职员宿舍区相谈，其实我心里明白元化早是中共党员了，我们之间只是心照不宣而已。"

1947 年以后的一段时期，吴征镒与王元化未有联系。新中国成立后，各忙其所忙。再见面就已是 30 多年后的 1980 年了，当时吴征镒应日本学术振兴会邀请访问日本归来途经上海，住衡山饭店。巧遇到在衡山饭店开《中国大百科全书》编撰会的王元化、季镇淮、范宁等老友，相隔 33 年在沪重晤，既喜悦又感慨颇多（图 7-3）。

图 7-3　1980 年，吴征镒从日本回国经上海，在张可、王元化夫妇家中合影

王元化即使在"文革"期间，仍能潜心书海，与夫人张可一道编撰 50 万字的《莎士比亚研究》专著。平反后，研究学术精力不减，汇编重要学术论文集《清园文稿类编》，古色古香，全然是集复古与创新的典范。吴征镒初读后，深感王元化"为学不作媚时语"的高尚学术风范和他那"根柢无易其固，而裁断必出于己"的治学原则，是对功利、浮夸的有力摈斥。

20 世纪 90 年代，王元化撰写《扶桑考辨》，就"扶桑"问题请教吴征镒，吴征镒回复如下："《梁书·扶桑传》所载，扶桑'叶似桐'等语，殊不类今之木棉（攀枝花、英雄树、红棉，原产东南亚，*Bombax caiba*，即木棉花，原产中东南美），二者均属木棉科。因未闻兹二者如传文所说'初生如笋'，可供人'食之'。二者种子上绒毛可供填充，作絮作枕，但非如传文所谓'续其皮为布'的。可以断言，日本及附近岛屿决无此类似'扶桑'的植物。"王元化《扶桑考辨》中最有力的证据当属吴征镒的此段论断。人文学者王元化直接请教友人植物学家吴征镒，前所鲜闻。

吴征镒喜用古诗词引诗开篇，置论著序言之首。其中《中国被子植物科属综论》自序（2002年）以引古人诗句开首："等闲识得东风面，万紫千红总是春。"该对句为朱熹七言绝句《春日》的后两句，朱熹将圣人之道比作催发生机、点染万物的春风。对于常年在山区野外进行实地考察的吴征镒而言，意味着他的植物学生涯伴随着古典的诗情画意。这个引诗开首的方式也与王元化《清园论学集》自序不谋而合，后者所引是"学不干时身更贵，书期供用老弥勤。——录汪公严诗句"（汪公严是清华园早期国文教师，也是清华大学校歌歌词作者，曾为青年王元化讲授《文心雕龙》等）。如果说对于人文学者的王元化而言引用该诗是自然而然，那么对于自然科学家的吴征镒而言，则多少意味着中国古典资源的某种新颖价值。

吴征镒评议王元化的学术思想时曾说，他是中国著名思想家，对中国近代思想史做过精深研究，多次发表有关反思的专文，追寻"五四运动"以来的各种极左思想根源，并做深刻反思，对当代诸多重大思想问题发表独到见解，这是他一贯信守的"独立之精神，自由之思想"原则的集中体现，为人钦佩。

吴征镒在《深切缅怀老友王元化》中自述："我与元化从事的研究有自然科学与社会科学之别，但我们交往中似乎融洽理解多于差异，大约是文理相通之理吧，其实博大才能精深，相通就在情理之中了。"正是这种文理相通和对中国文化的理解，成就了一代人文学者与自然科学家的佳话。

任继愈

1990年经国务院批准，以国家名义组织编写大型古籍系列类书《中华大典》。任继愈任《中华大典》编纂委员会主编。全书分为24个典，包含

116 部分典，收入 2 万多种古籍，共近 8 亿字。作为《国家"十一五"重点出版规划》《国家"十一五"时期文化发展规划纲要》重点项目的《中华大典》，是一部全面、系统、科学地对中国文化古籍进行整理、分类、汇编和总结的新型类书，在编排上既包含了我国古代类书编排的优点，又具有现代科学系统的分类特点，吸取和运用现代图书分类的方法。

《中华大典》设有《生物学典》，谁来主持《生物学典》呢？任继愈主编明确表示：所有典的主编一定是该专业、该领域的国内著名专家、学者。于是他立即想到吴征镒。2006 年，任云南教育出版社社长的何学惠来到吴征镒办公室，带来国家编纂出版《中华大典》的信息，同时传达主编任继愈邀请吴征镒担任《生物学典》主编的消息。吴征镒得知这位在抗战时期一道从长沙步行到昆明的国立西南联合大学校友，在国家图书馆任上退下致力编纂《中华大典》，钦佩之心油然而生（图 7-4）。

图 7-4　国家图书馆馆长任上的任继愈

此时，吴征镒和任继愈都是 90 岁老人了。任继愈得知吴征镒恐心有余而力不足，加之其家人有所担心，便传来殷切的话语，"吴老是当今既知现代植物学又懂古代植物学的人，编典最适合不过了，让我们两个 90 岁老人一道来编典吧"，而且很肯定地说"中国只有吴征镒能担此任"。盛情之至，吴征镒很感动，接下了主持编纂《生物学典》的任务。

此间，笔者（吕春朝）在吴征镒院士办公室任主任。编典工作确定后，吴征镒着手组织《生物学典》工作班子，几经商议，定下《生物学典》编委会成员，吴征镒任主编，李德铢、吕春朝、马克平、王祖望、汪子春任副主编。《生物学典》分设《动物分典》《植物分典》，《动物分典》由中国科学院动物研究所主持，王祖望兼任《动物分典》主编，《植物分典》由昆明植物研究所主持，吴征镒兼任《植物分典》主编。两个分典分设编纂委员会，各负其责，共同编纂。吕春朝被聘为《生物学典》副主编兼《植物分典》常务副主编。笔者赴北京参加过一些编典的会议，受吴征镒主编的委托拜访过任继愈主编并汇报编典工作。

2007年12月，笔者拜访任继愈先生，转达吴老对任老的问候后，任老十分亲切地问及《生物学典》有何困难。受吴老委托，笔者汇报了吴老撰写《学古字习古文与编典》文章，组织编写学习古文的方法和要领；组织编写《〈植物分典〉暂定书目》，让大家在浩如烟海的古籍文献面前有大致的范围，不至于束手无策；吴老亲自带头梳理《草木典》，找准植物形态特征，分述文段，做出示范（图7-5），这使得大家对编典一知半解、思路未入正轨的状况有很大改观。任老听后很高兴地说："《生物学典》只能由吴征镒来主持，没有第二个合适的人。"他还说："还要在《生物学典》中标出各个物种的拉丁文学名，让外国人也能看得懂我们的大典，这点也只有吴征镒能把关。"

拜见任老，我们不感觉有丝毫生分，反觉有入家之感。临别时任老赠送新作《老子绎读》，并手书"吕春朝学友"，当接过赠书看到任老的亲书题字时，自觉学识粗浅，文史学大家尽称"学友"，一股受宠若惊暖流涌上心头，敬意油然而生。

拜见任老后，参加《中华大典》办公室组织的编典情况汇

图7-5　2007年11月30日，吕春朝于任继愈的北京寓所拜见任继愈

报会，有的单位汇报说："要充分调动参编人员的积极性，加快编典进程，要求参编人员投入精力百分之百。"任老听后发言："参加编典的大多数都是老年人，身体欠佳，精力有限，这是实际情况。他们每天能有 1/3 的时间来做编典，我就十分感谢了。"结合我们做《植物分典》的实际情况，深感任老对待问题、分析问题总是实事求是。

回到昆明，笔者向吴老汇报了拜见任老和参加汇报会的情况。吴老说："我和任老都是同时代的人，凡事都能实事求是地思考对待。"

任继愈先生 90 岁高龄担起传承中华文化的重任，领衔编纂《中华大典》。他动情地说："我心里着急啊，我今年已经 90 岁了，还能活多少年啊，就算 5 年吧，一定用 5 年时间，到我 95 岁时把《中华大典》搞完，这样我也就放心了。"吴征镒也是 90 岁高龄接下编纂《生物学典》主编，带领全国 12 个单位的 81 名参编者（其中年龄在 70 岁以上的有 24 位，占 29.6%），历时 10 年完成《植物分典》编纂。两位都是硕学通儒、笃实践履的高龄学者，践行着"让我们两个 90 岁老人一道编典"的诺言。

2009 年 7 月 11 日，传来任继愈先生仙逝的噩耗，吴征镒在悲痛之中为悼念这位北斗之尊的文史哲学者、编纂《中华大典》的领军者，率《生物学典》全团编典同仁，写下唁电：

北京国家图书馆
任继愈先生治丧委员会：

惊悉任继愈先生遽归道山，大师其萎，倍增悲思。

继愈先生出任《中华大典》编委会主编，耄耋之年，毅举承传中华文化大旗，乃学界众望，让人钦佩。2007 年，我受先生诚邀，承编《生物学典》，于先生麾下尽力，深感幸甚之荣。编纂《中华大典》有国家支持，得先生的指导，大业将成无疑。我们定继承先生未竟事业，秉承先生思考深刻治学严谨的风范，致力编典，让大典早日成书，以告慰先生。

深望任老家人节哀顺变，善自珍摄。

《生物学典》主编吴征镒率全团编典同仁敬挽

如今两位学者老人都已仙逝，两位学者老人，心灵相通，风范雷同，治学同功，给后人留下难忘的记忆。两位学者老人的功绩，荫泽后世。两位学者生时似兰馨香，逝后如松之盛。

陶光

陶光年长吴征镒4岁，1934年清华大学中文系毕业，1939年初吴征镒和陶光同在国立西南联合大学任教。1940年，吴征镒在姨表妹家中初识陶光，两人谈吐投缘，交流契合。那时抗战日渐吃紧，由于生活所迫，国立西南联合大学教师不得不在外校兼课。吴征镒和陶光都在云南大学兼课，同住在云南大学映秋院靠城墙的宿舍里，对床而居。后来又一同搬到西仓坡仓中殿堂的一个小四合院，与闻一多、吴晗、潘光旦诸先生的家仅有一墙之隔。

吴征镒和陶光都酷爱昆曲，曲友之交甚欢。陶光嗓音好，感情又重，精于度曲，让吴征镒十分爱慕。陶光还精王羲之书法，宜臻双绝。吴征镒迁至昆明大普吉读研究生时，组织读书会，陶光常来相聚，是留宿大普吉的常客。此时闻一多先生也住在大普吉附近村庄里，吴征镒和陶光常拿着读书会编著的《去火集》《爝火集》到闻一多住所征询意见，得到益教良多。

1942年8月，陶光将远行（应台静农之邀赴中国台湾任教），书下"为有才华翻蕴藉，每从朴实见风流"对联赠予吴征镒，一眼能看出字体散发着王羲之书法的风骨（图7-6）。此联原句为汤金钊撰写的一副颂扬文人墨客的对联。意思是具有才华而不恃傲和不炫耀，却表现出宽容、含蓄，具备了一种大家风度；每每在质朴实在中见出风流倜傥之气，即将风流蕴含朴实之中，实非一般人所能达到的境界。陶光与吴征镒在厚友之交中，深感吴征镒做学问的严谨执着和对师长、同事、学友的敬重、包容、融洽，书联注下附句："注见昔人书此联，心窃爱之久之，未得是人也。偶为白兼（吴征镒号）书之，时将有远行。"陶光之意，心寻之久，觉此联赠吴征镒最为合适。吴征镒珍慕陶光之情，将其裱出，悬于书斋，朝夕相对，以谢知音。更值得纪念的是联中的圆印出自闻一多先生之手。闻一多先生见陶光和吴征镒无钱无

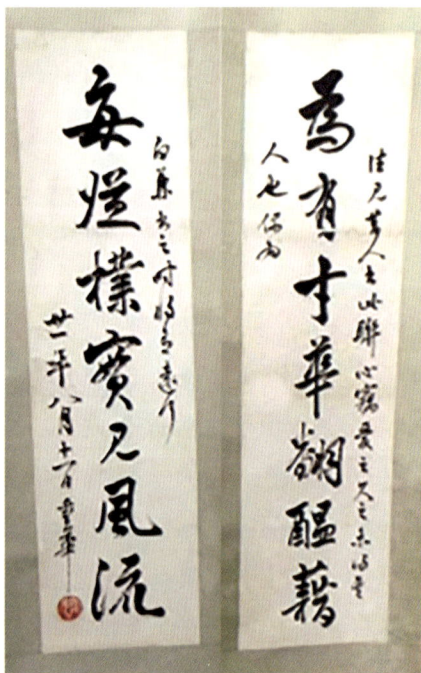

图 7-6　陶光赠送吴征镒的对联

石，便用粗圆藤杖锯下两小段，分赠陶光和吴征镒各一印章。先生之印，同铭心间。

国立西南联合大学诞生在炮火连天的岁月里，梅贻琦校长曾言："真正的好大学不在于有大楼，而在于有大师。"在国立西南联合大学的讲台上人人都是大师，台下则是未来的大师。8年期间，培养了8位"两弹一星"元勋、170多位院士，国立西南联合大学是中国教育史上的珠穆朗玛峰。凡看过国立西南联合大学大师照片的人都会对此留下深刻印象，或许大师们衣着破旧寒酸，但大师们人人体体面面，脸上闪现着干净而高傲的精气神。

陶光手书对联时间已过去80余年，吴征镒辞世已10年有余。陶光、吴征镒两位在国立西南联合大学留下的深情厚谊永年存世。陶光赠送给吴征镒的这副对联，存意深邃，散发着中国科学家特有的科学家精神的光芒。